院士 The Members of CAS & CAE

怎样做人与做事

How to Be and How to Do

（下 册）

方正怡　方鸿辉／著

上海科学技术文献出版社
Shanghai Scientific and Technological Literature Press

图书在版编目（CIP）数据

院士怎样做人与做事．下册 / 方正怡，方鸿辉著．—上海：上海科学技术文献出版社，2017
ISBN 978-7-5439-7283-4

Ⅰ．① 院…　Ⅱ．①方…②方…　Ⅲ．①院士—生平事迹—中国—现代　Ⅳ．① K826.1

中国版本图书馆 CIP 数据核字 (2017) 第 009144 号

责任编辑：石　婧
封面设计：金一哲
排　　版：王　薇　娄一洁

院士怎样做人与做事（下册）
方正怡　方鸿辉　著
出版发行：上海科学技术文献出版社
地　　址：上海市长乐路 746 号
邮政编码：200040
经　　销：全国新华书店
印　　刷：上海海红印刷有限公司
开　　本：890×1240　1/32
印　　张：8.5
版　　次：2017 年 5 月第 1 版　2017 年 5 月第 1 次印刷
印　　数：1-4 300
书　　号：ISBN 978-7-5439-7283-4
定　　价：48.00 元
http://www.sstlp.com

目　录

Contents

大写的人
（代　序）

学生时代谈到科学家（尤其是大科学家），总不免产生一些误解，因为曾读到过牛顿将手表投入锅里煮、陈景润走路都在思考以至撞上电线杆等“怪事”，以为科学家就是一群性格怪僻、行为怪诞的“怪人”。一提到科学家，眼前也总会浮现出白发怒张、额头有深深皱纹的爱因斯坦沉思的形象。

科学家真是这样的吗？自从20世纪90年代初开始着手策划并编辑《中国科学院院士自述》起，笔者终于有机会近距离地观察起科学大家来。这20多年，随着不断地与两院院士等大科学家的频繁接触，相继编辑推出了《中国工程院院士自述》《严济慈文选》《中国科学院院士画册》《百年科技回顾与展望》《中国科学技术前沿》《新世纪的嘱托》《转基因动物与医药产业》《院士怎样读书》《科

思考中的爱因斯坦

学人生》《科学的道路》《探索脑科学的英才》《肝胆相照——吴孟超传》《博学笃志　切问近思——杨福家院士的科学与人文思考》以及“科苑撷英”丛书等，并且于1998年起受《上海画报》主编委托，在画报上开设了“名人自述”专栏，为力争每期能介绍一位两院院士的科学人生，我先后得到邓明、方正怡的配合，走访了不少院士，聆听他们的人生故事，拍摄他们的英姿与风采。这一系列工作，让我们跟科学家，尤其是跟不少两院院士交上了朋友，也分享了他们的喜、怒、哀、乐，洞悉了院士坎坷的成才之路，怎样做人与做事的人生之路。

院士并非都是天才少年

两院院士是中国科学技术界最高的学术称号，他们的学术水准代表了当今中国科学与技术的水准。对于这样一个出类拔萃的人才群体，人们往往想当然地认为他们都是由天才少年成长起来的，

核物理学家钱三强院士

工程热物理和自动化专家钱锺韩院士

建筑学家戴复东院士

气象学家黄荣辉院士

大气动力学家曾庆存院士

也有人以为他们都出自书香门第，或祖传家学或由名师带教而成的。院士是否都一定有很优越的学习环境呢？答案显然是否定的。

院士中不乏有像蒋锡夔那样出身于有名望的民族资产阶级家庭的；也有像钱三强（钱玄同之子）、钱锺韩（钱锺书之堂弟）那样出身于书香门第的；当然还有像戴复东（戴安澜将军之子）那样出身于高级将领家庭的。但是，院士中的绝大多数人乃出身于普通百姓家庭，相当多的院士还出身于贫苦的农家，像从放牛娃成长为院士的黄荣辉、贫农儿子曾庆存等。他们之所以能成为院士，除了受到良好的教育并抓住了稍纵即逝的机遇，最本质的成因就是他们自身的努力与汗水。剖析大多数院士坎坷的人生与成才的经历，几乎同我们常人没有什么两样，而且他们中绝大多数人也并不是什么“尖子生”“小天才”“理科班学员”或“创新班学生”……不少院士在青少年时代倒是典型的调皮捣蛋鬼。但是，他们一旦有“悟”，便分外努力，这倒是不少院士突出的共性。我们不妨听一听杨奇逊院士的话：

现在许多父母望子成“龙”，但由于过分的从“严”要求而忽略了启发孩子求学向上的自觉性，结果往往适得其反。于是开始埋怨孩子，后果则是进一步打击了他们的自信心。我小时候的一段故事也许可以给这些家庭某些启迪。

我在小学一直是班上的“弱小民族”，常常被人欺侮，老师也不喜欢我，常常指着我的鼻子骂“你笨得像头牛”。到了初中，我更是贪玩，上课不听讲，学习成绩很差，直至初二上学期，我拿到的成绩报告单上竟然达到了九门课不及格！当我战战兢兢地把这份报告单交给妈妈时，我准备着“过关”（也就是挨一顿骂，或是一顿打），出乎意外的是，妈妈一句话也没说，但是我看见了她眼里的泪花。

这一天晚上，我一夜没睡着，我听得见我妈妈也一直没睡着，她不时地翻身，这牵动了我的心。这一夜我想了许多许多，暗下决心，一定要为妈妈读好书。

我开始变了，妈妈的笑容，老师的赞许，更加加速了我的进步。

现在我还在想，如果那天晚上妈妈骂我或打我一顿，我也许会觉得很平衡，第二天还会高高兴兴的……

多么鲜活，多么中肯，多么具有人情味！这对治疗当前的育人之“疾”，恐怕也是一帖很好的药方。

杨奇逊院士在作报告

个性鲜明　实事求是

科学的本质是求真、求实，即旨在探索自然与社会之“未知”，寻找客观世界之“规律”。其实“真”与“实”是难求的，需要科学家从小养成一种实事求是、锲而不舍的素养。院士们执著造就的这种人格素养，往往也被虔诚地平移到了求生存与为人处事的方方面面，这就不免常常碰壁，带来极大的痛苦甚至难以愈合的创伤。2002 年国家自然科学奖一等奖获得者——蒋锡夔院士就是一

化学家蒋锡夔院士（方鸿辉 摄）

位很执著，又很有个性的有机化学大家。他曾说：

1955年底回国，去北京化学所工作后不久，我便懂得要说："我的家庭出身很坏。"但我始终不接受下述观点，即"出身坏者的思想品质也一定会坏"。记得1964年我奉命去上海嘉定外岗社会主义学院学习近一年，被要求天天彻底否定父母亲和自己，把他们和自己都说成是坏人。我因为不能全部接受这种可悲的观点而好几次与"指导员"展开了激烈的争辩，当时我承认自己确实受到资产阶级家庭的有害影响，应该通过学习而改进，但我始终认为我的父母和自己都是很正派的好人，我们未做过违背自己良心的事。因此，当最后几百位学员被要求每人交上一份好多页的学员总结时，我拒绝交上这样一份符合他们要求的总结。为什么我会这么做？因为我尊重事实，敬爱我善良的父母。

而在"批林批孔"时期，因蒋锡夔曾得罪过"四人帮"在上海的爪牙，便成为中国科学院有机所高级研究员中唯一被批斗的重点对象。工宣队想搞一个"内外爆炸"，要求蒋锡夔课题组对他彻底予以批判。然而尽管施"高压"，整个课题组却没有一个人愿说蒋锡夔一句坏话。同时，工宣队大头目找蒋锡夔个别谈话三小时，要他彻底检讨自己，承认做基础研究的错误，但倔强的蒋锡夔寸步不让，不但不认错，反而理直气壮地告知："我做基础研究是祖国的需要，是要为祖国争光！"在"文化大革命"时期，一名"臭老九"敢于这样顶撞，那该有多大的勇气！要不是蒋锡夔有这么执著的毅力和倔强的个性，有冒死也敢顶逆流的风格，又怎能率领他的团队在"物理有机化学前沿领域两个重要方面——有机分子簇集和自由基化学的研究"上摘到2002年国家自然科学奖一等奖的桂冠？要知道，这个奖项已连续空缺好多年了！事后，蒋锡夔感慨地说："回顾这几十年来，在科学思想方法方面，我深信小平同志反复强调的'实事求是'和'实践是检验真理的唯一标准'的原则。"

说到执著与个性，刘新垣院士是又一个典型的鲜活形象。这

刘新垣院士在指导博士生实验研究

位院士中率先“下海”的勇士——上海华新生物高技术有限公司的总裁，是一位极有个性的科学大家。1988年，由于有关方面的调整等原因，他的γ-干扰素攻关等大部分项目被取消了，一个研究组没有课题经费不就完蛋了吗？当时急得刘新垣“心绞痛”。结果由于所做的研究取得了很好的成果（1990年获中国科学院十大科技新闻之一，还获中国科学院科技进步奖一等奖等荣誉），才恢复了γ-干扰素的攻关资格。事后，刘新垣心有余悸地说：“如果当时不能及时做出成果，我这一辈子还不知会落得什么样的下场。”另一件令刘新垣说来就“心痛”的事是：他把华新公司当成亲生儿子，为它的发展花费很大的心血，当华新事业红红火火的时候，公司内部很有心计的人却提出要为他塑一尊铜像，然后把他“请”出公司。这下，刘新垣的“心绞痛”又发作了，不得不住进医院。

好痛心啊！但我刚正不屈，请求领导帮助，给科委、副市长写了信，还给徐匡迪市长写了信。我若不坚强点，也许要跳黄浦江。多难不屈，奋争不止，我挺过来了！

在当年围歼SARS的战役中，γ-干扰素功不可没呵！但又有谁知道作为研发人员的院士身上所发生的“心绞痛”的故事？

鲜花与掌声背后的院士们的苦恼，人们往往不了解。由此也可理解，不论是蒋锡夔，还是刘新垣，院士们为坚持实事求是的精神所处的境遇尚且如此，更何况常人！

事业执著　情感丰富

常人往往会误解院士，认为院士们事业执著无可否认，而缺乏“人情”或不近情理，兴许是通病。

计算机专家李三立院士

然而，事实是对偏见最好的诠释。

在审读院士自述的文稿时，我常常能读到催人泪下的情感故事。略举二例，读者兴许能有所体会。

著名的计算机专家李三立院士一心扑入“724 机”研制时，无暇顾及妻子的胃痛，拖了几年，科研成功了，专著出版了，但妻子的胃溃疡恶变成了胃癌。

爱妻去世 20 多年后，李三立内心仍时时处于深深的自责与内疚之中：

每当我想起我已故的善良而美丽的妻子时，总是心潮汹涌、感慨万分。随着年龄的增长，这种感情愈加深沉。我们这一代知识分子，在自己的事业奋斗过程中，大多都可以听到人生伴侣同甘共苦和互相勉励的激动人心的乐章，这个乐章可能是以欢乐，也可能是以悲哀为结局的。但是，这是一种呼声，呼唤我们去克服困难，去奋斗，去前进！

而更动人的恐怕是“神光 II”和“神光 III”的总师范滇元院士的情感故事了。

前几年，赶在 SARS 期间，我才有机会“抓住”范滇元。那天，在他家里听他聊“神光 II”大型激光装置研制的故事：

1997 年，按原订合同，已近“神光 II”正式交付使用期限，几

范滇元院士在神光实验室（2004，方鸿辉　摄）

千万元的研究经费已将用尽，但“神光II”还没有达标。用户天天跟在屁股后面催：啥时好用？全体研制人员心急如焚。可是，屋漏偏逢连夜雨，在此关键时刻，我国激光核聚变项目的创始人王淦昌院士病倒了；共同为“神光II”拼搏的项目负责人邓锡铭院士患癌症住院。91岁的王淦昌每逢有人去探望，都要仔细打听“神光II”的进展，不久邓锡铭也在对“神光II”的牵挂中离世。

最令范滇元激起感情波澜的是爱妻的去世。

研制人员加班加点是寻常事，那时我也无法常回家，住在嘉定单位宿舍。上小学的女儿只能寄托在妹妹家，妻子祝秀凤长期患病独居在家，夫妇俩每日靠上午电话联系。1998年5月那天，是周四，下午我要到市区出席政协会议。周三晚上，我与妻子通电话：“明天下午开完会回家。”不料周四上午实验又出了故障，我中午上车前，按惯例往家里挂电话，想告诉妻子，会后不回家了，因实验室离不开。可电话那头铃响无人接。下午开完会已是四点多，返嘉定途中再打电话，还是无人接。“也许去散步了？”到了嘉定，晚上七点多钟再打电话回家，还是无人接。我的心悬了起来，“出事了？”

心惊肉跳地急速回家，只见妻子已倒在床下，我用手轻抚其面颊，她微微睁眼，轻轻说：“叫救护车。”想不到这竟是妻子留给我的最后一句话。随后她就陷入深度昏迷。10天后，她就去世了，才50岁。医生诊断，妻子是突发脑溢血，我回家前，她至少已在地上坚持了八九个小时，她听到我的电话铃响却无法接啊！

两眼闪着泪花的范滇元院士回首往事，苦不堪言。

写到这里，不由得不追忆起令人崇敬的谢希德院士。

谢希德自幼体弱多病，中学毕业后得股关节结核，休学四年，并留下终身残疾。以后又经受了不少折磨与考验（包括患乳腺

物理学家谢希德院士

生物化学家曹天钦院士

癌)，但对她打击最大的乃是丈夫曹天钦院士当年的患病住院。

当我由于股关节结核卧病在床时，是他的信给予我无限温暖和鼓励，使我能满怀信心，克服病痛。在我们成长的道路上，最关键的时刻是他作出了正确的抉择。回忆在1951年，当我俩相继在英国和美国获得博士学位后，由于当时美国政府阻止学理工科的中国留学生和学者返回新中国，他放弃了原来去美国工作一段时间再回国的念头，坚决要我去英国结婚后立即回国。……然而不幸的是从1987年8月底起，他却一病不起，而且病情每况愈下。这个无情的打击带给我的痛苦是任何文字或语言所不能表达的。显然有数年我听不到他的声音，只能从他默默的眼神中体会到他对我的鼓励。

曹天钦患病期间，谢希德担任着复旦大学校长、市政协主席、中国科学院学部主席团成员、上海市科协主席、上海市欧美同学会副会长等大量行政和社会工作，还承担着指导博士研究生的工作，其繁忙程度可想而知，但她风雨无阻、雷打不动，天天去曹天钦的病房，料理并协助医院做康复工作……

1996年，《中国科学院院士自述》一书出版后，上海《新民晚报·十日谈》曾连载18天，以后戛然而止，这是因为受了下述事件的影响：当时晚报"夜光杯"编辑部对谢老自述的文稿，重点摘录了她期望医学上能出现奇迹，使处于植物人状态的曹天钦康复的期盼。谢老的文稿写于1994年，曹天钦院士于1995年1月谢世。书稿原文中已提供了这个信息，兴许是报摘文字所限，信息表达不完整，"十日谈"专栏又未指出文稿的出处，也未加释文，导致不少好心的读者误以为谢老还在为丈夫曹天钦的康复而奔波。因此，大量读者来信雪片似地飘进了谢老的信箱。有的读者表示自己下岗了，能有时间协助护理曹天钦；有的读者表示可以提供进口药物；也有的表示愿提供经济上的帮助……弄得谢老一时不知所措。记得那天她确实有点火，打电话责问我：“怎么搞的，把不完整的信息捅到晚报上去了？我天天收到这么一大堆信……真没办法！”当时我只能作些于事无补的解释，并表示希望她能授权让我替她复函。这件事与其说是增添了谢老的麻烦，不如说是因为勾起了她对丈夫无尽思念所带来的痛苦。事后，谢老并没有将信转我处理，而是自己一一函复了，这给谢老平添了很大的痛苦，只能乞求她老人家的原谅了。

为了不再重蹈信息缺损而误导读者的覆辙，1999 年 11 月，谢老在最后一次住进医院前，将发表于《上海画报·名人自述》专栏上的文稿作了一个小小的改动——删去了最后一句“我怀着这个信念，在人生旅途中继续向前。”增补了：

不幸的是，我的这个希望在 1995 年 1 月 8 日终于破灭了，他离开了我们一家而默默地走了。天钦去逝后，由于朋友和同事们的鼓励，我怀着无限的哀思，在人生旅途中继续向前。1998 年夏宿疾复发，又动了一次大手术，目前仍在康复中。

谁知道上述文字竟成了谢老的绝笔。2000 年 3 月 4 日，谢老永远地离开了热爱她的人们。

院士的情感故事，又岂止这些。院士同我们常人一样，也有丰富的情感生活，他们确实是我们时代最可爱、最有情感的知识群体。

学养深厚　兴趣广泛

院士一般外语都很棒，懂几国文字是很普遍的，而院士们的

水利水电与土木工程学家潘家铮院士

人文学养也都很深厚。出身名门的院士也许是受到家庭氛围的影响和熏染，诸如钱三强、钱锺韩、潘家铮等，他们所写的文章如同出自文学家之手，他们所作的报告，逻辑性强而不失幽默和风趣。其实，院士们都知道，光有自然科学一翼，而没有人文学科的另一翼，要展翅高飞是不可能的。因此，他们在成长中都自觉地注意提高自己的人文学养。较典型的例子是数学家王梓坤院士。

“文化大革命”中，王梓坤躲在9平方米朝北的小房间，不顾毛巾结冰、被头凝霜、手指冻烂，笔端却纵横驰骋，从自然科学到

王梓坤院士收藏有多种版本的《清明上河图》的复制本（侯艺兵 摄）

杨叔子院士主张文理兼通（侯艺兵 摄）

人文学科，从宏观到微观，海阔天空，论古道今。三易其稿而写就的《科学发现纵横谈》，展露了他作为数学家的人文底蕴。这本发表于“科学春天”的小册子，令我国无数学子爱不释手，因为他们从中领略到了“认识一种天才的研究方法，对于科学进步的作用并不比发现本身小”的哲理。但读者也许想不到这本书的作者不是文学家，不是哲学家，也不是历史学家，而是一位数学家。这本小册子在当年印了几十万册，仍供不应求，一时洛阳纸贵。

另一位科学与人文贯通的学者典型恐怕要数机械工程学家杨叔子院士了。他是首先在华中科技大学构造“讲座—交流—读书”三位一体工程的校长。他创导理工科学生每年必须拿人文学科2个学分，因为“传统经典里面有许多至理名言，不修身无法调动人的主观能动性；不讲德育，科学技术不会自动转化为精神文明”。他每年要在全国各地做几十场倡导科学与人文贯通的演讲，以传播“人文管灵魂，管塑造人格”的理念。他一再强调人文是开放性思维，是自然科学原创性得以突破的基础，因为“逻辑思维是正确的基础，形象思维是创新的源泉”。听他报告的人，都感到心灵震撼。杨叔子大声呼吁：“寻找人文精神要追溯原点，到中华民族的经典著作中找。我赞成青年人读《道德经》《论语》……”从1998年起，杨叔子规定自己带的工科硕士生、博士生都必须背诵《道德经》；1999 年又要求背诵 6 至 7 篇《论语》。学生为难啊，反映“背不下来”。杨叔子则固执地表示背不下来不给学位，“我 63 岁开始背《道德经》，既当校长又搞科研，事情还那么多，我能背下来，你

袁隆平院士回母校时在欢迎晚宴上演奏

闻玉梅院士是一位很地道的京剧票友

秦伯益院士的藏书（候艺兵　摄）

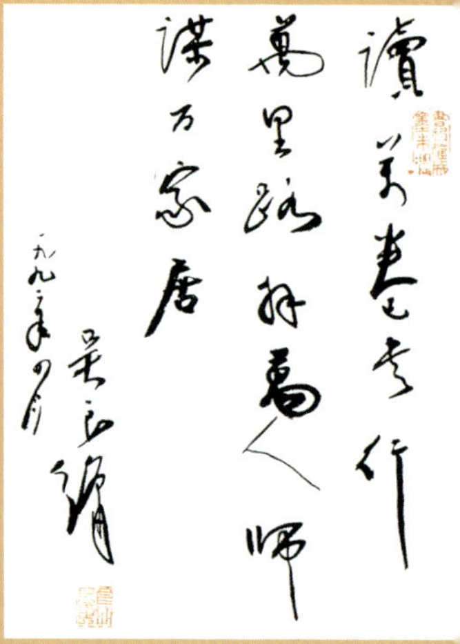

吴良镛院士的书艺

九旬院士张香桐在家中阅读（2002，方正怡 摄）

们为什么不行？”杨叔子很清楚：人文知识缺损的理工科硕士、博士是“残疾”的人才。

多年前，神经生理学泰斗张香桐院士给我讲了一个故事：1987年，他应邀参加美国卫生研究院建院100周年纪念活动。会后到威斯康辛访友，不料途中发生车祸，左腿及胸部四根肋骨骨折。在孙女家（美国）卧床疗养期间，可算是他一生中最清闲的日子，无所事事反令他感到很失落。一天，外国朋友去看他，正巧遇上陈至立同志率团访美也去看望他。外国朋友看到墙上挂着张香桐用毛笔书写的《朱子家训》，请他释义。陈至立在场聆听后，希望张香桐能把《朱子家训》英译出来。出于对民族文化精粹的崇敬，张香桐推敲再三，在保留原作文化内涵的前提下，尽可能体现“洋韵”。得益于丰厚人文学养积淀的张香桐，趁卧床养病之隙，用英语译出了《朱子家训》，得到了上海市领导和专家的首肯。回国后，译文被印成精美的小册子，当作市政府的对外礼品，馈赠外国友人，以光大中国传统文化。张香桐补充道：“这是不务正业呵！”可这种

“不务正业”正折射出一名院士的深厚学养，令人钦羡。

卧病在床尚且如此不图安逸，惜时如金，平时无病痛，更是老骥伏枥，兢兢业业。直至96高龄的张香老，依然健步走到自己的中国科学院脑所办公室，“科研—思考—文章”地耕作不息，后来是所里不让他到办公室了，才不得不待在家里办公。

至于说到院士的情趣和业余爱好，那更是丰富多彩。严东生院士的网球，袁隆平院士的小提琴，闻玉梅院士的京剧，秦伯益院士的藏书，吴良镛院士的书艺……能弹得一手漂亮钢琴的院士更是不胜枚举，而醉心于交响乐欣赏的也不在少数，难怪现在科学院开各类学术会议前，往往都会播放交响乐。

对此，顾健人院士的话很有代表性：

我的业余爱好是音乐。音乐与科学、音乐家与科学家之间颇有相似之处。音乐除了为你调节工作之余的身心疲劳，丰富你的想象力，带你神游九州之外，还有它深邃的内涵。不朽的音乐作品都反映出作曲家的灵魂，正如科学同样能反映出从事科学的人的理想、追求、品质和世界观。不朽的音乐家都是热爱人民、爱

酷爱交响乐的顾健人院士

憎分明的。正义战胜邪恶，光明驱走黑暗是音乐永恒的主题……音乐和音乐家的贡献对人们的影响是无法估量的，这就是对人民的热爱，给人们战胜困难的力量，追求真理的勇气和淡泊的意境。我正是受到这种影响的千万人中的一员，并终身受益匪浅。

敢想敢说 维护科学道德

院士是维护科学真理和科学道德的中坚力量，实事求是是他们终身的追求，敢于思考、善于创新是他们的基本素养。

严东生院士至今深铭不忘 1977 年 8 月，他有幸参加邓小平在人民大会堂召集的 30 人座谈会，其场景就是纪实片《邓小平》记述的那样。九个半天的会议中，大家将憋在心里达 10 年之久的话倾吐出来，其中有一个半天是严东生作了中心发言。内容涉及高等教育、研究生培养、出国深造、科技发展诸方面。也就是在这次座谈会上，邓小平当机立断，作出了 1978 年 3 月召开“全国科学大会”、1978 年恢复全国高考、1978 年起高教部和中国科学院开始向国外派遣访问学者和留学生等重要决定。严东生同许多科学

严东生院士在《中国科学院院士自述》首发式上（2006，方鸿辉　摄）

家和教育家一样，怀着一颗赤子报国的拳拳之心，敢于思考民族生计，敢于吐露爱国心声，得到了祖国和人民的信任。耄耋之年的严东生依然在为国际大科学合作项目奔波尽力。他坦言：

回首几十年的科学生涯，从30年代的“科学报国”到90年代的“科教兴国”，期间尽管有不少起伏，但觉得有一条主线，即为国民经济发展，为国家的强盛服务，是我毕生的责任和动力。

这是严东生的心声，也是广大院士的心声。

邹承鲁院士是一位眼里容不得半粒沙子的极认真的科学家。数十年来，他同其他院士一起高擎科学道德的大旗，以自己的榜样力量，与违背科学的行为作无情的斗争。邹承鲁一生淡泊名利，学识渊博，远见卓识，维护科学尊严，反对不正之风，是一位“刚直不阿的斗士”。早在1957年，34岁的邹承鲁就提出“应该由科学家管理科学院”。在那个年代敢作如此大胆的表述，需要有多么大的勇气啊！

1981年，当选中国科学院院士不久，58岁的邹承鲁便首次在科学界提出“科研道德”问题：

邹承鲁院士与李林院士夫妇在花园合影

科学研究来不得半点虚假，可是有的人会弄虚作假，用以追逐名利。个别人甚至不择手段剽窃他人成果，就更令人不能容忍。

自此，邹承鲁的声名开始从学术领域扩展到公众空间，他将严厉的道德目光投向科学界的学术腐败，以院士之高位自揭学术界家丑，批判不良学风。什么“基因皇后”、什么“功能无限”的核酸……都在邹承鲁的质疑下露出“马脚”。

他曾直面一系列可笑的潜规则，大声疾呼：

最可恶的是仗势署名。我当这个实验室的主任，这个实验室所有的文章都得把我的名字写上，不管你同意不同意，并且写在最显著的位置，仗势霸道，这是一种欺人的方式。

难怪不少正直的科学家会说，在讨论中国社会学术界不良风气时，邹承鲁这些人的存在，就说明中国科学界好的传统仍然在继续。这些院士正气凛然，捍卫科学尊严、维护科学道德，令人敬重。

……

说实在的，作为普通人，院士很平凡；作为科学家，院士不平凡。因为，院士毕竟是大写的人——这是我们与科学家交往中最深的感受。

本文末尾提供了一份由我们整理的（经过中国科学院院士工作局专家审核）“中国院士亲属关系表”，旨在对人才学有兴趣的读者提供一些研究上的便利。

本文权充《院士怎样做人与做事》之“序”。

（本文原载于《科学生活》2003年8月号，2004年第4期《新华文摘》全文转载，同年4月8日至13日香港《文汇报》分六天连载。这次对文字做了部分修改）

附录

中国院士亲属关系表（截至2010年）

父子（女）院士	兄弟院士	夫妻院士	叔侄、翁婿院士
严济慈　严陆光	傅鹰　傅承义	钱三强　何泽慧	叶企孙　叶铭汉▲
李继侗　李德平	梁思成　梁思礼	张文裕　王承书	张孝骞　张淑仪（女）
唐仲璋　唐崇惕（女）	钱临照　钱令希	曹天钦　谢希德	柯召　白以龙
李四光　李林（女）	汪德昭　汪德熙	邹承鲁　李林	黄鸣龙　吴承康
尹赞勋　尹文英（女）	吴征镒　吴征铠	徐光宪　高小霞	
谢家荣　谢学锦	梁树权　梁植权	吴仲华　李敏华	
吕叔湘*　吕敏	冯康　冯端	谷超豪　胡和生	
陈建功　陈翰馥	王守武　王守觉	闵恩泽　陆婉珍	
庄巧生　庄文颖（女）	杨福愉　杨福家	杨立铭　夏培肃	
田昭武　田中群	潘菽　潘梓年*	何炳林　陈茹玉	
张孝骞　张友尚	邓叔群　邓拓*	范海福　李方华	
	汪菊潜　汪菊渊▲	章申　匡廷云	
	王迅　王选	王阳元　杨芙清	
	黎鳌▲黎介寿▲黎磊石▲	许国志▲蒋丽金	
	柳百新　柳百成▲	周廷冲　黄翠芬▲	
	李德仁　李德毅▲	陈竺　陈赛娟▲	
	柯俊　柯伟▲	王圩　吴德馨	
	庄逢甘　庄逢辰	周秀骥　马瑾	
		柯伟▲李依依	

注：*为中国科学院哲学社会科学部学部委员；▲表示中国工程院院士，其余均为中国科学院院士。

李大潜

志存高远，心逐平和。除了有数学家的严谨与专注，还要有诗人的激情和遐想。

李大潜　数学家。1937 年 11 月 10 日生于江苏南通。1957 年毕业于复旦大学数学系并留校任教，1966 年在职研究生毕业。1980 年任教授，1995 年当选为中国科学院院士，1997 年当选为第三世界科学院院士，2005 年当选为法国科学院外籍院士，2007 年当选为欧洲科学院院士，2008 年当选为葡萄牙科学院外籍院士。长期从事偏微分方程的理论及应用方面的研究，取得了多项具有国际先进水平的成果。其中对一般形式的二自变数拟线性双曲型方程组的自由边界问题和间断解的深入研究，对非线性波动方程经典解的整体存在性及生命跨度的完整结果，以及对一维拟线性双曲系统的精确能控性与能观性的系统成果，均得到国际上的高度评价。坚持数学理论和生产实际相结合，以电阻率测井方法理论制作的微球形聚焦测井仪器，长期在大庆等众多油田成功使用。曾任复旦大学研究生院院长、中国数学会副理事长、国务院学位评定委员会数学学科评议组召集人、中国工业与应用数学学会理事长、上海市科协副主席等。现任中法应用数学研究所所长、国际工业与应用数学联合会执行委员、教育部高等学校数学与统计学教学指导委员会主任委员、高等学校数学研究与高等人才培养中心主任、《数学年刊》主编、中国工业与应用数学学会名誉理事长等。已发表论文 230 余篇，出版了多部专著及教材（其中六部英文专著分别在美、英、法等国出版）。曾获国家自然科学奖二等奖、何梁何利基金科学与技术进步奖、上海市科技功臣奖、华罗庚数学奖、苏步青应用数学奖等多项奖励。2008 年被法国政府授予荣誉军团骑士勋章。

展双翅翱翔

——李大潜的诚恒学问

2008年12月的寒冬，上海马路两旁的法国梧桐叶子全掉了，可是复旦大学光华楼前的大草坪依然碧绿如茵。在一片金色的阳光下，只见一位充满学者风度的长者骑着一辆老式自行车沿着静谧的望道路向光华楼而来，他就是刚从国外访问归来的李大潜先生。

其实，10月初笔者已联系采访李大潜先生，但处事低调的李先生一再推辞，希望媒体多谅解做学问人时间的紧张，并坚持要采访也得先采访他的一些老师和学长。在获悉有关的这些采访已落实之后，我们终于获得了今天难得的机会。

我们的话题自然从他的成才路说起。

传承发展　天道酬勤

1937年11月10日，李大潜出生于江苏南通。其时抗战伊始，烽火连天。襁褓中的李大潜被父母抱着逃难到上海，暂住法租界的巴黎新村。两岁起，他就跟着母亲读书习字。4岁重返故里时，顺利入读当地的大王庙小学（现城中小学）。由于发蒙早，又先天聪慧，李大潜的知识基础比同龄孩子扎实，9岁便跳级升入南通商益中学（现启秀中学），3年后他又以总分第一的成绩考入当地最负盛名的南通中学，且先后得到不少名师的指点，在中学阶段已逐步培养了他对数学的浓厚兴趣。

李大潜院士侃侃而谈做人、做事、做学问（2011，方鸿辉　摄）

复旦大学数学系毕业时留影（1957）

然而，李大潜在中学生活中也碰到了至今令他难忘的事件：刚入中学的第一次算术测验给了他一次“下马威”。

“我自小争胜好强，测验时也总是逞能地抢交头卷。那次测验我故态复萌，题目来了以后，没有仔细想清楚，就抢着第一个交卷。由于对题目理解不深入，又不仔细检查，结果只得了18分。当时教我算术的老师非常严格，规定60分及格，决不迁就，达不到60分，少一分打一记手心，我才18分，该打多少记手心啊，而且用的是戒尺！我那时刚跳级升入初中，从来没有经历过这种阵势，当然就嚎啕大哭了。”这下，引来了还在读小学六年级的一些老同学的冷嘲热讽：“李大潜，中学生，算术考了个18分！”

李大潜的争胜好强之心被“18分事件”深深刺痛，在日后人生的道路上一直警策着自己：凡事不能粗枝大叶，更不能急于求成，而应细致沉潜，一丝不苟。“18分说明我并不是一位天生的数学家，我之所以能在数学上取得一些成绩，只不过是我对数学有着浓厚的兴趣，有幸得到恩师的栽培，自己又肯为数学付出较多努力而已。”这里所说的兴趣，很大程度得益于青少年时代的李大潜没有一味埋首于课堂上的教材，而是读了大量“闲书”，诸如当时能读到的苏联科普作家别莱利曼编写的《趣味几何学》《趣味代数学》等科普读物，帮助他打开了视野。李大潜至今清晰地记得，这些书里经常引用马克·吐温、儒勒·凡尔纳等名家小说的动人片断，这给喜爱文学的少年李大潜留下了深刻的印象。“在这些科普读物里，数学案例来自现实生活，觉得非常生动。比如，在荒无人烟的地方，用太阳和手表测出经度、纬度；再比如，河对面有一棵树，不过河却能测出树的高度……这些都是数学问题。我觉得数学特别活，使我产生兴趣，令我着迷。”

1953 年，15 岁的李大潜考入了复旦大学数学系，成为那一届学生中年龄最小的一位，用现在的话来说恐怕就叫“少年大学生”。李大潜的父亲当年送给儿子的礼物是一个自制的竹子笔筒，上面亲手刻写了“自强不息”四个大字。李大潜接过笔筒，也将此赠言作为自己的座右铭，奏响了人生道路的主旋律：在往后的岁月里，要不断地传承，更要不断地有所发现、有所创新；要自强必须勤奋，天道酬勤是恒理；“不息”是时间尺度，“自强”是空间画卷……李大潜深有感慨地说：“进了复旦后，我有幸遇到恩师苏步青和谷超豪等老一辈数学名家，是他们栽培和提携了我，他们也一直对我说，做学问贵在坚

李大潜院士回母校作“科学梦与成才路”演讲

苏步青（右）、谷超豪（中）与李大潜（左）在讨论

持。”这同父亲“自强不息”的教诲完全呼应。李大潜在复旦得到了扎实的数学训练和数学文化的熏陶。他在本科阶段就参加了苏步青、谷超豪组织的微分几何讨论班并得到两位先生的赏识，以后更成就了数学界“苏门三代”的佳话。

李大潜在里翁斯院士办公室

如果对复旦数学系“苏门三代”的说法望文生义，认为是“近亲繁殖”，那就大错特错了。其实，他们之间虽有明确的传承关系，但更注重的是与时俱进的个人创新。在师

道传承的坚实基础上，个人孕育的崭新发展更令学界关注。李大潜儒雅地表示：“我的两位恩师在学术上造诣精深，成就卓著，他们是确保‘复旦薪火，代代相传，生生不息’的本源，也是复旦数学系实力的印证。他们不仅一直鼓励和支持学生们创新和超越，而且还不断开拓自己的研究领域，一直是带着‘传承+发展’的眼光来做学问的。如果安于接受前人的衣钵，那么，‘君子之泽，五世而斩’，复旦数学的传统也不会绵延至今。”是啊，苏步青院士作为中国微分几何学派的创始人，在国际数学界享有“东方第一几何学家”的美誉，直到晚年，在身处“文化大革命”的磨难岁月，还开创了计算几何的新学科。谷超豪院士曾是苏先生创立微分几何学派的中坚力量，他在苏先生的支持下赴苏联留学，不仅深入钻研了现代微分几何，还进一步转向了偏微分方程的研究方向，后来又在数学物理领域开创了学术上的辉煌。而李大潜则在偏微分方程方面得到谷先生的严格训练，并在拟线性双曲组的领域中接过了谷先生的接力棒，开始了自己的系统研究。后来，又在苏步青和谷超豪的鼓励与支持下，赴法国深造，在法国现代应用数学学派创始人里翁斯

李大潜院士被授予法国荣誉勋位骑士勋章后发表感言（2008，方鸿辉　摄）

院士的指导下，走进了应用数学这一广阔的领域。

1998 年，在中法两国元首的积极支持下，由复旦大学与 Ecole Polytechnique 合作在上海建立了中法应用数学研究所，由李大潜教授担任中方所长，至今已走过了十几个年头。通过一系列学术交流活动，中法两国一大批优秀数学家建立了深厚的友谊，彼此不断获得启迪和教益，合作双方的研究工作出现了新的面貌，有了不少成果，也为中法两国人民的友谊架起了桥梁。为此，2008 年 11 月 14 日法国政府授予李大潜教授法国荣誉勋位骑士勋章（Chevalier de la Légiond’Honneur），以表彰他多年来致力于中法应用数学研究所作出的杰出贡献。这一勋章属于拿破仑一世于 1802 年建立的法国最高荣誉勋位系列，目前只有极少数中国科学家获此殊荣。

展开基础数学与应用数学研究的双翅

李大潜院士在授课（2011，方鸿辉　摄）

1996 年 9 月 2 日，李大潜在答复一名中学生的信中哲理独到地指出：一个翅膀的鸟不能飞翔，即使勉强飞了起来，也只能原地打转，更何谈高飞、远飞。

李大潜的成功，也正是得益于他能展开双翅。

1957年，19岁的李大潜以大学四年各科全优的成绩毕业，由于他在数学方面的扎实基础和研究方面的初露头角，受到苏步青教授的青睐，亲自提名他留校任教。获得恩师青睐，又能身处浓厚的学术环境，真是天赐良机，让李大潜有机会步入数学殿堂。青年李大潜的第一个科研方向便是协助刚从莫斯科大学学成归国的谷超豪先生，以空气动力学中的激波现象为背景，开展对偏微分方程中一个新的重要研究方向——拟线性双曲型方程组的理论研究。以“自强不息”为动力，凭扎实的基础和激情的投入，在谷先生的悉心指导下，李大潜的科研果然很快有了进展。1961年，全国首届偏微分方程学术会议在北京召开，谷先生给他压了重担，让初出茅庐的李大潜第一次走上国内学术的讲坛，出色地介绍了这一项科研成果。

旗开得胜后，李大潜更是一鼓足气，使项目研究向纵深推进。经过三四十年的拼搏，在对一般形式的二自变数拟线性双曲型方程组的自由边界问题和间断解方面，他建立了国际上迄今最完整的局部解理论，并获得有关整体解的系统深入的成果，屡屡被国际数学界用

苏步青、李大潜院士（左）与里翁斯教授在探讨

作理论依据。美国数学家 D. G. Schaeffer 对李大潜与合作者共同撰写的英文专著《拟线性双曲组的边值问题》(1985)评论道:“他们以如此的功力和尽善尽美的方式来处理这一主题……将其推进到超过我原来想象可以达到的程度。”1994 年,李大潜的专著《拟线性双曲组的整体经典解》在法国出版,又一次赢得数学界的好评,认为李大潜“得到了气体动力学中好几个经典问题解的结构,这些结构多年来一直只是猜测,而李大潜却严密地证实了这一点”“十分令人激动”。

1992 年,李大潜与他人合著的英文专著《非线性发展方程的整体经典解》在英国出版,国际数学界评论该书“无疑将成为这项高难度研究中的一座里程碑”。法国科学院院士里翁斯教授认为:“关于非线性波动方程,过去 10 年里,一些杰出的数学家都曾得到许多深刻的结果,就在这同一段时间里,李大潜教授成功地超越了所有这

谷超豪、胡和生、李大潜三院士与陈省身教授(中国科学院外籍院士)合影

些成果，因而在这一非常重要而又深入的领域中成为极少数几个处于世界领先地位的带头人中的一个。”菲尔兹奖得主——瑞典数学家L.HÖrmander也在论文及专著中多次引述和分析李大潜的研究成果。

李大潜建立了一维拟线性双曲系统的半整体经典解理论，对具最一般非线性边界条件的拟线性双曲组，为实现其精确能控性及能观性提出了一个构造性的简明求解框架，并将结果成功地应用于一般树状河道网络中的河渠非定常流动，为双曲系统的精确能控性及能观性在拟线性情形建立了一个完整的理论。2007年7月在瑞士苏黎世召开的国际工业与应用数学大会（ICIAM2007）上，李大潜就此主题应邀作了大会报告。2010年出版的英文专著《拟线性双曲系统的精确能控性与能观性》系统地介绍了这方面的成果。

研究结出的硕果是李大潜持之以恒、不断学习的必然结果。20

李大潜院士在瑞士（2004）

世纪60年代，正当他一帆风顺地在复旦数学系任教并读在职研究生时，遭遇到他人生第一次真正的挑战——爆发了史无前例的“文化大革命”，科研与教育都被迫中断了，他也被先后下放到上海电机厂和上海汽轮机厂进行劳动锻炼，历时三年。

李大潜痛苦地回忆：“那个阶段正是所谓知识越多越反动的年代，不仅没有什么理论研究可以做，甚至连自己将来去什么地方都不知道，唯一支撑我信念的就是苏老在我毕业时的赠言——贵在坚持。在顺利的情况下要坚持，在困难的情况下更要坚持。它令我在动乱中依然积习难改，自强不息，没有虚度这段时光。”尽管原本憧憬中的学术道路被完全改变了，但工厂里大量迫切需要解决的生产实际问题，又激发了他的钻研冲动。“当时看到厂里有一大批生产实际问题，仔细了解后，发现这些问题的背后实际上都有数学问题。为了能与工人师傅及技术人员沟通，我就利用这个机会自学了大学物理系的课程，一门一门钻研，包括电动力学、相对论、量子力学、弹性力学，等等。也就是在这个阶段，我认认真真地思考了数学怎么联系实际的问题。应该说，这成了我后来走上应用数学道路的一个非常重要的起点。”

20世纪70年代初为解决电法测井中的数学问题，李大潜在潜江江汉油田现场

学科的贯通和视野的高远，令李大潜展开了理论研究与应用研究的双翅。从1974年至1986年，他调集了自己多年的通透学识，为解决我国石油开发中至关重要的判断石油层位置和储量的问题，成功提出了“电阻率法测井的数学

模型与方法”。他于1980年在石油工业出版社出版的《有限元素法在电法测井中的应用》一书现已成为中国测井界的一个经典，其基本内容载入中国石油院校测井专业的大学生教材。为此，他曾六次深入湖北江汉油田实地调研，帮助设计制造出填补国内技术空白的微球型聚焦测井仪并编制了相应的解释图版，在我国大庆、江汉、中原等十多家油田一直推广使用至今。李大潜很有信心地说：“理论与应用是相辅相成的，这个课题不仅取得了良好的地质效果和经济效益，而且有力地推动了偏微分方程的理论研究，促使我们建立了等值面边值问题和边界条件均匀化的理论。”1998年，他将此应用课题成果撰写成《等值面边值问题和电阻率测井》专著在英国出版。现在，他正和中国石油集团测井有限公司技术中心协作，继续深入开展有关测井的数学建模与数值模拟的研究工作。

复旦光华楼前潇洒的李大潜院士（2008，方正怡　摄）

在李大潜的心目中，数学的基础理论研究与应用问题研究同样重要，两者谁也不可偏废。从20世纪60年代初紧紧围绕“两弹一星”的研制而投入到与之密切相关的拟线性双曲型方程组的研究，到成功提出了电阻率法测井的数学模型与方法，李大潜在科研上能不断有所建树，都得益于他张开了基础研究与应用研究的双翅。再说，科研要转化为生产力也是时代的要求。他若有所思地告诉笔者："从应用数学的发展趋势来说，正迅速地从传统的应用数学进入现代应用数学的阶段。现代应用数学的一个突出的标志是应用范围的空前扩展，从传统的力学、物理学等领域扩展到生物、化学、经济、金融、信息、材料、环境、能源等各个学科甚至社会领域。传统应用数学领域的数学模型大都已建立了，而且已经成了力学、物理等学科的重要内容，但很多新领域的规律至今仍不清楚，应用数学的建模面临实质性的困难，这也是现代应用数学仍须不断努力攻克的问题。"他还说："我一直认为，整个数学学科的分布，应该像两个同心圆，纯粹数学作为整个数学的核心和基础，占据着小圆的内部。大圆的外面，是数

第六版《十万个为什么》启动仪式大会前，两位分卷主编——李大潜与褚君浩院士在人民大会堂上海厅交流（2011，方鸿辉　摄）

学外部的广大世界，包括各种其他学科及各种应用领域和高新技术。而在大小圆之间则是应用数学活动的大地盘。其中有些靠近小圆，属于应用数学基础研究的部分，靠近大圆的部分，则是数学与其他学科的交叉领域，在这两者之间的同心圆环上，则分布着各种层次、各种风格的应用数学工作。数学学科发展的原动力，不仅来自它的内部，而且更重要的是来自它的外部，来自客观实际的需要。外部需求的驱动和内部矛盾的驱动对数学发展来说应该是比翼齐飞的双翼，是相互联系和促进的，都是必不可少的。”

展开科学与人文的双翅

数学是一门在非常广泛的意义下研究自然和社会现象中的数量关系和空间形式的科学。要在数学的蔚蓝天空下自由翱翔，除了展开基础研究与应用研究的双翅外，还得展开科学与人文的双翅。

李大潜深有感慨地说：“在数学的殿堂里遨游了数十载，我深深体会到：数学不仅是一种研究自然与社会得心应手的工具、一种国际通用的语言、一门博大精深的科学，它更是一种文化。数学中的人文理念——数学的思想和精神，对我为人处事的熏陶，令我终生受益。”

李大潜院士平时骑自行车上下班（2011，方鸿辉 摄）

复旦三代数学大师——苏步青、谷超豪与李大潜都是对中外传统文化情有独钟的学者。1982年，三代学人同时到法国巴黎访问，在富有诗意的塞纳河边，他们以诗佐酒，赋诗抒怀，成了数学界一段风流佳话。

在“科学的春天”里，李大潜有幸获苏步青举荐赴法国进修。在即将由北京飞往巴黎时，苏步青也恰好在北京开会。苏老主动提出趁休会间隙带李大潜游北海公园，为他送行。这令李大潜激动万分。冬日的北海虽没有太多的诗情画意，但他们玩得很开心，登上了白塔，远眺了京城的美景，还兴致勃勃地拍了不少照片。李大潜虽是苏老的得意门生，但能享受如此待遇还是头一回，心情自然十分激动，当晚彻夜难眠，情不自禁地写就一首七律，第二天送苏老斧正。想不到，苏老也写了一首七律赠给李大潜：

四位院士在一起（左起：李大潜、谷超豪、苏步青、胡和生）

偕李大潜游北海公园，赋此赠别

北海风高白塔寒，快晴初日到林端。
冻匀湖面圆圆镜，步稳行廊曲曲栏。
此日登临嗟我老，他年驰骋待君还。
银机顷刻飞千里，咫尺天涯意未阑。

如今，李大潜仍满怀深情地说：“他年驰骋待君还，是苏老，也是复旦对我的期望和鞭策，希望我早日学成归国，为复旦、为国家作出积极的贡献。诗的最后两句更使这种期望和鼓励带有浓厚的依依惜别之情，至今令我难以忘怀。恩师的教诲，更坚定了我的信念：我的

李大潜院士在办公室（2011，方鸿辉　摄）

事业在复旦，在祖国。”

谁料到，苏老诗意未尽，李大潜在巴黎逗留期间，苏老又寄赠《怀远》诗一首。李大潜不辜负苏老嘱咐，当即和诗：

和老师《怀远》一首

客里光阴若逝川，梦魂常在浦江边。
奉诗最喜先生健，抄邸欢传大有年。
犹忆临行深嘱咐，岂甘落后应加鞭。
诚知学术渊无底，挖到深层自及泉。

李大潜之所以能在数学领域开凿出一眼又一眼的清泉，也得益于他科学与人文并重的求学之道。

李大潜自幼喜欢中文古诗，日后也一直注重人文学养的陶冶。尽管李大潜已是硕果累累的数学大家，但至今他自认最酷爱的依然

李大潜院士与林群院士合影于人民大会堂前（2011，方鸿辉　摄）

是历史和武侠小说，可以说他是一位地地道道的“武侠迷”。对于有些人觉得武侠小说不入流的讲法，李大潜自有一番理论。他觉得小说是人生的教科书和润滑剂，武侠小说对做学问也很有启示。他常说，做学问就像练武功，要从“手中有剑”到“心中有剑”，最后到“心中无剑”。不能为招式所累，死背数学公式和定理，要做到无招胜有招，才能挥洒自如，随心所欲。“心中无剑”是练武的最高境界，是物我两忘的境界，是创造性思维喷发的境界。虽然李大潜谦虚地说，自己在数学领域远未达到“心中无剑”的境界，但是他对“心中无剑，人剑合一”的体悟，倒恰如其分地折射出“数学大鹏”——李大潜展开科学与人文双翅的风姿。

在林林总总的武侠小说中，《笑傲江湖》最为李大潜所钟爱。他直言《笑傲江湖》中有不少超脱的东西，最适合知识分子阅读。他尤其欣赏令狐冲的豁达大度，不要权力，有超然是非名利之外的境界。武侠中讲究派别、排行座次，讲究忠于师门、不事二师。李大潜认为名门正派的存在并非偶然，自有它的道理，值得总结，但最好的武功往往不是属于名门正派，不要关起门来孤芳自赏。名牌大学也一样，不能老子天下第一，应接受新人才、新思想。名门不应自我封闭，更要注意内部的团结。李大潜幽默地说道：“有本事到江湖上闯，窝里斗要不得！”

多有气派！

李大潜院士获巴黎大学授予名誉博士学位（2008）

学术人生　诚恒学问

做学问与练武功，其实都要达到最高境界。李大潜若有所思地说："要臻至武学最高境界，必须博采各家之长，兼收并蓄，否则令狐冲亦难以独步武林。而做学问也不能拘泥于一个门派。"让李大潜庆幸的是，无论是苏步青还是谷超豪，都有宽大的胸襟，都乐于让弟子师从不同的名师，并主动安排他去法国留学，使他有机会向国际应用数学大师里翁斯院士学习。由此，李大潜悟到：越是出自"名门"，越要看到自己的不足，越要到外面接受锻炼和教育。年少时得拜名师，现在自己又做导师，身份转换了，李大潜深感好学生"一将难求"。

李大潜院士在法国科学院外籍院士授证仪式上讲话（2006）

他说，真正理想的弟子是基础好，脑子好，同时品格也好，这样不仅带起来比较顺手，而且真正可以教学相长，并委以重任，但这样的学生很难找。这恐怕就是我们通常说的：要先学会做人，然后才是做事，当然也包括做学问。他笑称，现在门下弟子不少，但特别好的并不太多，好在都很努力。

在扑朔迷离的数学王国里，怎样将基础数学与应用数学巧妙地结合起来，怎样将科学与人文融合起来？为此，李大潜大力鼓励与支持开设数学建模、数学实验等课程，积极组织与推动大学生数学的建模竞赛，为数学的教学改革打开了一片柳暗花明的新境界。法国科学院院长里翁斯教授由衷地说："李大潜是一位享有世界声誉的中国数学研究集体的学术带头人。他做出了一系列真正属于国际第一流的贡献。"这些年来，李大潜接二连三地获得一些科学荣誉：2005 年当选为法国科学院外籍院士，并获得何梁何利基金科学与技术进步奖、高等教育国家级教学成果奖一等奖及上海市特等奖；2007 年当选为欧洲科学院院士，并先后获得华罗庚数学奖及上海科技功臣奖；2008 年当选为葡萄牙科学院外籍院士，并被法国巴黎大学授予名誉博士称号；2009 年被上海市科协系统评为新中国成立六十周年上海科学研究十名杰出贡献人物之一；2010 年获得苏步青应用数学奖……作为数学家，李大潜先后担任了复旦大学研究生院院长，国务院学位评定委员会数学学科评议组召集人，高等学校数学研究与高等人才培养中心主任，中国工业与应用数学学会理事长，上海市数学会理事长等学术职位……周围的人常常向他讨教"成功的秘诀"，他总是毫不迟疑地否认有什么"成功的秘诀"，但他会哲理独到地送四个字给勤奋努力的同学们：

李大潜院士与本文作者方正怡合影于复旦光华楼前（2008，方鸿辉　摄）

第一个字是"**诚**"。这是做人的基本要求。大学也不是一片净土，同学们应该成为诚实的典范，老老实实做人，老老实实办事，老老实实做学问。

第二个字是"**恒**"。这是成功的基本保证。聪明和才能都要靠积累，没有恒心，见异思迁，一曝十寒，天资再高的人也不可能有所成就。

第三个字是"**学**"。这是学生的主

业。要有明确的目的性，只有与祖国的强盛、人类的进步相联系，才能有持久的动力。学习恰似造高楼大厦，一定要打好基础。学习的最终目的是为了创造，不要把自己变成一部百科全书或大字典。学习是一辈子的事，在校期间就得养成学习的兴趣和习惯，不光要有数学家的严谨和专注，还要有诗人的激情和遐想。现在强调素养和创新能力，但素养和能力并非凭空产生，只有认真学习打好基础，方能增长能力，提高素养。

第四个字是“**问**”。这是聪明的方法。学问之道重在问，不会发问，进不了科学大门，要问在点子上，问出水平来，非得认真思考。问老师、问同伴、问书本、问自己，先思后问，多思勤问，必有长进。

“志存高远，心逐平和。除了数学家的严谨与专注，还要有诗人的激情和遐想。”李大潜就这样驰骋在数学的殿堂里。

李大潜院士在解答研究生的疑难

愿尽余之能力与判断力所及，遵守为病家谋利益之信条……医本仁术，是以心灵温暖心灵的科学。

吴孟超

吴孟超　医学家、教育家。1922年8月31日生于福建闽清。1949年毕业于上海同济大学医学院。现任第二军医大学附属东方肝胆外科医院院长，东方肝胆外科研究所所长，中华医学会副会长，中德医学协会副理事长，解放军总后勤部医科委副主任，《中华医学》（英文版）及《中华外科》等20余种杂志的主编、副主编或编委。历任第二军医大学长海医院外科、肝胆外科主任，第二军医大学副校长等职。1991年被选为中国科学院学部委员（院士）。我国肝胆外科主要创始人之一，最先提出中国人肝脏“五叶四段”的临床解剖学理论。发明了肝脏手术及止血的一系列新方法。在肝癌的早诊早治、晚期肝癌治疗、肝脏移植以及肝癌的细胞免疫、生物信号转导和基因治疗等方面取得重大成果。出版了《肝脏外科学》等专著18部，多次获国家科技进步奖。1996年被中央军委授予“模范医学专家”称号。曾五次获全军医疗保健特殊贡献奖。2004年获国际肝胆协会杰出成就金奖。2006年获国家最高科学技术奖。2010年7月26日，国际小行星中心确认第17606号小行星永久命名为“吴孟超星”。2012年初荣获“感动中国2011年度人物”。

肝胆相照写春秋

——吴孟超的人生选择与事业追求

20世纪90年代初，因编辑《中国科学院院士自述》，笔者有缘拜访了吴孟超院士，以后为撰写《上海画报》人物深度报道，曾多次采访吴老。2008年秋天为《中华读书报》“人物”专栏约稿，又特意去拜访吴老。原约定下午1点在吴老办公室见面，直等到3点，吴老才从开刀房（他习惯称手术室为“开刀房”）出来。那天，他又做了三台手术。一位86岁的耄耋老人、国际肝胆外科泰斗级的大家，如此痴迷于手术，已不能光用“敬业”来理解了。治病救人已成为融入吴孟超基因的天性，是他生活必不可少的组成部分，诚如古希腊医学的奠基者——希波克拉底在其著名的医德《誓词》中所庄严承诺的：“我愿尽我的能力与判断力所及，遵守为病家谋利益之信条……无论置于何处，遇男或女，贵人及奴婢，我之唯一目的，为病家谋幸福，并检点吾身，不做各种害人及恶劣行为。”

换副眼镜读报（2011，方鸿辉 摄）

大医吴孟超院士

人生选择

选择回国

作为我国肝胆医学的开拓者、医学教育家的吴孟超教授，每忆及童年，总会沉重地说："常听人说，童年是幸福的，而我的童年是极其辛酸的……"

1922年8月31日，吴孟超生于福建闽清白樟乡一户贫苦农家。为了挣钱养家，父亲下南洋去打苦工，然而家里还是经常揭不开锅。"我来到这个世界后，就一直缺衣少食，营养不良，直到三岁方能走路。童年时实在饿得慌，就往外婆家跑，舅舅心疼瘦得皮包骨头的外甥，常去稻田里捉几只青蛙给我补养，这种美味至今记忆犹新。"这兴许是吴孟超童年最温馨的时光。

迫于生计，吴孟超五岁就随母亲飘洋过海，到马来西亚沙捞越的诗巫，寻找在那里做苦工的父亲。一家人身居异国，举目无亲，生活的艰难可想而知。懂事的吴孟超六岁时已在米粉作坊干活了，吃的是本该喂猪的香蕉蕊子。八岁时每天天不亮就得起身，拿盏油灯光着脚，随父亲到橡胶林里去割胶。如今，吴孟超风趣地说："现在想来，这也算是我早期的操刀训练吧！"

吴孟超院士回福建闽清老家看望一直牵挂着的大舅妈（2000）

吴孟超的父母尝够了没有文化的苦，再穷也要让孩子上学，作为长子的吴孟超成了家里的希望。在当地进步华侨办的光华中学，吴孟超的学习是同龄人中少有的刻苦和用功，学习成绩一直名列前茅。生活的艰辛，使他早早懂事并铸就了攻坚克难的毅力。“那年头，光华中学从祖国内地来了一位新校长，经常给我们讲国内抗日战争的形势；当时还有陈嘉庚先生组织的华侨抗战救国、支援延安抗战活动……”

吴孟超从小操刀割橡胶

从这些难忘的回忆中可见，“爱国”已在少年吴孟超心里播下了种子，而孙中山先生题名的“光华学校”的校训——“求知求义最重实践，做事做人全凭真诚”，也已在他心里生根，并萌发了“要从屈辱和伤痛中挺起头来”的念头。于是，初中毕业后，吴孟超并没有遵循父母为他作的“去学做生意或者去英国念书”的安排，而是六位同学相约，长途跋涉，历

吴孟超院士夫妇回马来西亚母校——光华中学（1993）

经艰难，回国抗日，报效祖国。

1940年1月3日，在侨务委员会的安排下，吴孟超与他的同学们从沙捞越出发，途经新加坡、越南（当时称安南），前往祖国内地云南。这是吴孟超人生道路的第一次选择。

选择留在祖国

"记得在西贡登陆时，验关的法国殖民统治者要我在入关护照上摁手印，由于我看到欧美旅客都是签字过关的，就抗争：'为什么不让我签名？我会英文，我会中文，我会写自己的名字！''黄种人签什么字？你们全是东亚病夫！'"

直面殖民者的狞笑，忍受弱者的屈辱，吴孟超摁下了手印，也埋下了为中华民族争气的种子。

祖国，在吴孟超心中是神圣的。可踏上国土，却是山河破碎，满目疮痍，正义的人们惨遭杀戮。吴孟超想方设法去延安不成，上疆场与日寇决一死战已无望，只能走"教育救国"之路了。他安下心来就地求学，选择了同济大学附中。学校位于远离昆明100多里地的宜良县西村一个叫狗街的地方，上课是在一所破庙里，他依然学得有滋有味。1941年12月，太平洋战争爆发，吴孟超与马来西亚父母的联系中断了，经济来源没有了，他不得不通过变卖衣物、沿街卖报、誊抄资料或当家庭教师来维持学业。生活的磨难，令吴孟超的学习更发愤。1943年高中毕业后，吴孟超在当时的同班同学、日后的妻子吴佩煜的建议下，一起考取了同济大学医学院。

青年吴孟超（1945）

那年头，物价飞涨，民不聊生，作为穷大

学生，吴孟超的生活实在太艰难了。抗战胜利后，同济医学院要从四川宜宾郊外的李庄迁回上海，那年国民党当局的教育部明文规定：凡来自海外的归侨学生，可根据自愿原则，返回原来的所在国，由政府发放路费。吴孟超很想获得这笔路费回一趟马来西亚，去见见日夜思念的父母和弟妹，而当时吴佩煜的父母又在昆明。于是，他们约了另外几位同学沿着从昆明到四川的原路折返。在昆明等待申领回马来西亚路费的过程中，耳闻目睹社会的现状，尤其是爱国民主人士李公朴与闻一多先生在昆明相继惨遭国民党特务杀害的残酷事实，他的想法又有了转变："我千里迢迢从马来西亚回国，旨在好好读书，学到真本领为国效力，以不辜负父母的期望。如今我已在同济医学院读到三年级了，再苦读两年，实习一年，就可当医生了，怎能半途而废呢？何况沙捞越家中的情况又不得而知，岂可盲目回去……"因此，尽管领到了一笔路费，吴孟超还是咬咬牙克服了想家的念头，毅然买了飞机票回到了上海。

吴孟超院士夫妇50年后回昆明郊外宜良西村的母校——同济大学附中（1996）

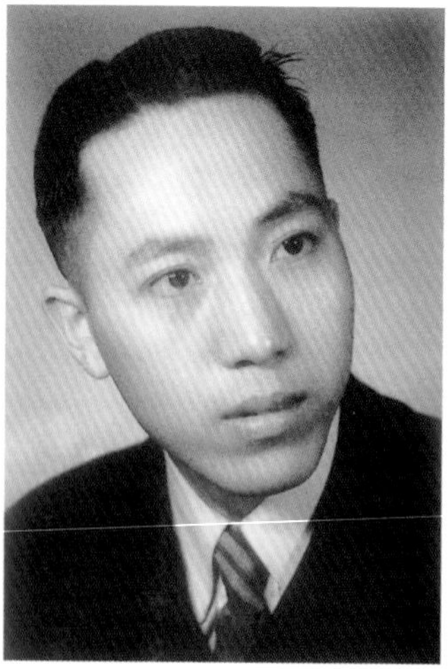
大学毕业后的吴孟超（1950）

那时，上海正处在黎明前的黑暗，面对大批华侨青年飞回南洋，吴孟超毅然选择留在祖国，迎接新中国的曙光。这是吴孟超人生道路的第二次选择。

选择从事外科

遗憾的是，吴孟超18岁离家后，再也没能在亲生父母跟前尽孝。只能从弟弟由千里之外寄来的亲人照片中，遥祝他们平安幸福。真可谓“忠孝不能双全”啊！

大学毕业时，吴孟超万万没料到学校让他留校干小儿科，因为他儿科考试成绩得了95分（满分为100分）。但是，干小儿科与吴孟超的性格显然不合。当吴孟超向校领导提出转外科的请求时，却引来了这样的忠告：“你身高才

吴孟超（右）与郑宝琦教授亲切交谈

1 米 62，能干外科吗？”这话深深刺痛了一颗倔强的心。吴孟超个子虽矮，志向可高着呢！他毅然放弃了别人打着灯笼也难找的留校当小儿科医生的机缘，成了一名怀揣大学毕业证书却没有工作的失业者。

兴许是苍天有眼，一个很好的机遇让有准备的吴孟超逮到了：当时华东人民医院（即中国人民解放军第二军医大学前身）招聘医生。凭着对人民军队的挚爱，也凭着对外科事业追求的执著，吴孟超毅然前去应聘。外科主任郑宝琦教授不解地问：“你外科才考 65 分，为什么偏要搞外科？”

“我对外科最热爱，我的个性也适合当一名外科医生，可学校留我干小儿科，我不愿干，就到这儿来了！”

面对吴孟超的憨厚、坦诚与执著，郑宝琦为发现一棵好苗子而兴奋，毅然录用了他。郑宝琦的慧眼也许令我国儿科医学少了一位名医，却为人类物色了一位肝胆外科的开拓者，一位肝胆医学的教育大家。从此，吴孟超在郑宝琦教授身边全身心地工作。这是吴孟超人生道路的第三次选择。

古人有“才不近仙者不可为医”的断言，吴孟超也许的确有当外科医生的天赋，他的老师、被称为“中国近代外科之父”的裘法祖院士说：

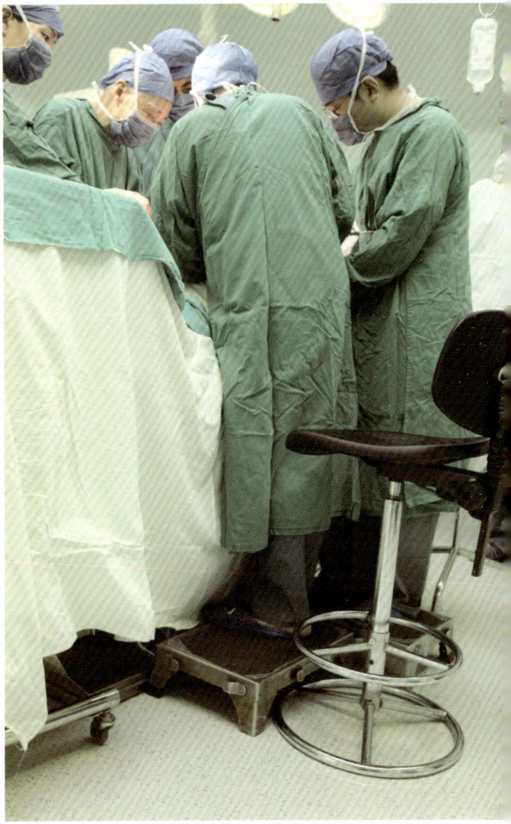

吴孟超院士每次手术都站在 20 厘米高的脚垫上，90 多岁了依然在操刀，同事们又在他身后特意放了一把转椅，以备他万一感到累了可稍坐片刻，可他上了手术台就浑身来劲（2013，方鸿辉　摄）

“我的这个学生就是勤奋。”吴孟超身高只有1.62米，手术室特地为他放置了一个20厘米高的木垫子，他每次都站在上面做手术。勤奋与不断钻研，使吴孟超很快脱颖而出，心情舒畅，事业有成。

选择向肝脏外科进军

同济医学院由上海内迁武汉，吴孟超最敬仰的老师——裘法祖教授因故滞留上海。1954年，裘教授应聘到长海医院任兼职教授，这一消息令吴孟超激动得几宿没睡好。从事临床工作不久，吴孟超多么渴望得到第一流名家的指点呀！他如饥似渴地跟着裘法祖教授，学其医术与医道，对“裘氏刀法”的理解能从书本、听讲，直接上升到了体验的高度，并努力将其精髓学到手，找到了特殊的手感。他还承袭了裘师的为人之道。裘师品德高尚，知识面广，话虽不多，却句句说在点子上。裘师说，做一名好医生要“会做，会讲，会写”，吴孟超心领神会，不仅自己身体力行，还将这三点作为自己培养学生的指导

吴孟超院士为恩师裘法祖院士整理领带

目标：开刀做实验，讲课带学生，写书写论文。

“裘老师常说：治疗病人犹如将他们‘一个一个背过河’；对待功、名、利、禄要‘一身正气、两袖清风、三餐温饱、四大皆空’，这些富含人生哲理的话语，同先辈们说的‘医乃生死所系，非仁爱之士不可托也’有异曲同工之妙啊！”

正是这些为人之道与为医之术的熏陶，使吴孟超获益匪浅。在60多年的从医生涯中，他一贯待老师敬若父母，待病人不分贵贱，待战友心地坦诚，待学生甘为人梯。无论在学术界还是军队，吴孟超尊重老师是出了名的，虽然自己已经是德高望重的老专家了，但每次开会他还总是跟在裘师身后，总把自己的成就归功于受裘师的教诲与影响。就连在中央军委召开的授予吴孟超“模范医学专家”的大会，他也专程邀请裘师参加。事后，裘法祖激动地告诉记者：“吴孟超被授予模范医学专家，开表彰会，他请我去了，2000多人开会，都是将军和军人参加，只有我一个人穿着便服在那里。人家一看到我，先让我

裘法祖院士（左二）出席表彰吴孟超为“模范医学专家”的大会（1996）

吴孟超夫妇均为军医

们介绍，说我是吴孟超的恩师裘法祖，他们就拍手，我都哭了……”

在名师的点拨下，吴孟超不仅学术上突飞猛进，人文底蕴也日益丰厚。1956 年 3 月吴孟超被提升为外科主治医师，并参军、入党，可谓三喜临门。但是，吴孟超的心情并不平静，他一直在思考：下一步该怎样发展？带着思考与疑问，吴孟超又请教了裘法祖。裘师坦然地告诉他：“随着医学科学的发展，学科日益细分，学术日趋专精，普外是个古老的专业，胸外科已从这里分出去了，现在肝脏外科很薄弱，不妨朝这个方向去发展。”恩师一点，心有灵犀。吴孟超完全领会了裘师的意图，要在学术上面临一次重大的抉择。

与恩师裘法祖在院士大会上亲切交谈

新学科——肝胆外科，是医学发展的一个方向。中国是肝癌的高发区，肝胆外科有很大的社会需求，而20世纪50年代初，中国人没有自己的肝胆外科。外国权威曾预言：中国起码要等三十年才可能有自己的肝脏外科……这一切都让年轻军医吴孟超思绪澎湃。于是，他挥笔写下了“卧薪尝胆、勇闯禁区”的誓言，带领胡宏楷、张晓华两位医生，于1958年组成了肝脏外科攻关的“三人小组”，去揭开中国人向肝脏外科进军的序幕。这是吴孟超人生道路的第四次选择。

尽管日后吴孟超一直面临许许多多的选择，但是上述四次选择对其一生所走的科学道路是极为关键的。

肝 胆 相 照

尊重科学　勇闯禁区

尊重前人的学识，尊重科学的事实，是吴孟超勇闯肝胆禁区的基本素养。为了搞清肝脏解剖理论，吴孟超首先跑图书馆，查阅了当时

“三人小组”在制作肝脏标本（右为吴孟超，1959）

吴孟超院士当年制作的肝脏管道铸型

凡能见到的几乎所有带“肝”字的中外文书刊，虚心学习前人的经验。20 世纪 50 年代末，他就和方之扬医生一起把一本荷兰专家编的《肝脏外科入门》译成中文出版，作为进军肝胆外科的一场“热身赛”。

研究肝脏该从哪里入手？当然得从解剖学入手。肝分左右两叶，人云亦云。吴孟超非要亲眼看看，直接用手去触摸。吴孟超带领“三人小组”研究肝脏的第一步就从制作肝脏管道的铸型标本入手，试图弄明白肝脏的解剖结构。从 1958 年起，历经无数次失败，终于从容国团荣获世界乒乓球锦标赛的喜讯中获得灵感，用赛珞璐液灌注技术，制成了犹如珊瑚般美丽的肝脏管道的铸型标本。他们以后不断改进工艺，先后成功制作了 200 多具肝脏铸型标本。

吴孟超对照文献，仔细研究标本，对肝脏血管的走向和分布规律了如指掌，提出了肝脏解剖学上的“五叶四段”的创新理论：将人体肝脏分成“左外、左内、右前、右后和尾状”五个叶，又将左外叶及右后叶各分两个段，共四个段。这一理论得到了 1960 年第七届全国外科学术会议的认同。50 多年的实践表明：“五叶四段”理论已为我国乃至世界肝脏手术的成功提供

吴孟超院士在查看肝脏标本（1998）

了关键性的解剖标识，并被收入多部理论专著和医学教材。

这种实践和理论的探索折射出了吴孟超与科学精神的“肝胆相照”。

眼里看病，心里想人

中国是乙肝和肝癌的高发区。20 世纪 50 年代由于无法手术治疗，许多患了肝癌的病人只能等死。眼看着一个个肝癌患者去世，吴孟超心如刀绞。了解了肝脏解剖学后，吴孟超逐步明白了肝脏手术的“密码”：按“五叶四段”理论，对肝脏作分叶切除，理论上不会出现过多的并发症；在 20 世纪 60 年代初，规则性手术切除是肝癌获得根治的唯一希望。

过去经典的切肝法是在低温麻醉下进行的，就是先将病人全身麻醉，再把病人浸泡在冰水中，待病人体温降至 32℃以下，然后手术。这种方法不仅费力费时，看起来还挺惨，病人往往会有并发症。“现在既然已经掌握了肝脏解剖的第一手资料，为何不能在常温下作肝切除手术呢？”在人性化理念的驱动下，吴孟超首先在动物身上成功进行了“常温下间歇肝门阻断切肝法”实验，同年他在临床上也相继取得了成功，打破了在常温下肝脏切除手术的禁区。其独创性在于通过间歇性阻断进入肝脏的血供，不仅提高了手术的安全性，而且可以在常温下施行肝脏手术，简化了过

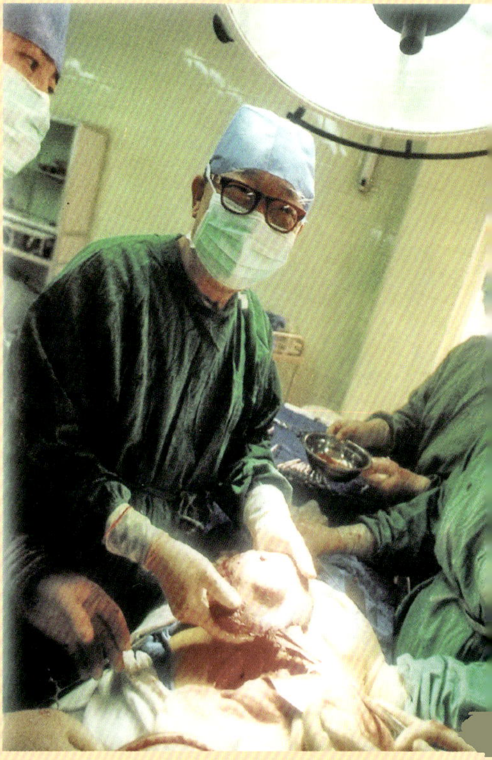

“又摘下一个大瘤子！”

程，减少了创伤。这种技术创新很快被医学界推广，使手术患者广为受益。

1960 年 3 月 1 日，由吴孟超主刀为一位中年女患者成功切除了肝肿瘤，成了二军医大第一附属医院的第一例成功肝脏手术。

禁区被打破以后，吴孟超再接再厉，于 1961 年发现了“正常和肝硬化肝脏手术后生化代谢规律”，并据此提出了纠正肝癌术后常见的致命性生化代谢紊乱的新思路与新策略。

1963 年 5 月，吴孟超与同事们又成功地为一名患者实施了中肝叶切除术，突破了肝脏手术“禁区中的禁区”。中肝叶手术的成功，标志着中国肝脏外科已跻身世界先进行列。因为长在肝脏中叶的肿瘤是最棘手的，那里是肝脏各类管道的“集散区”，还有肿瘤切除后两个肝切面的处理，这是世界上从没有任何“高人”敢碰的禁区。“说我胆子大敢闯禁区，其实在手术上我一向是小心翼翼，慎之又慎的。”吴孟超之所以敢做肝中叶切除术，说到底是因为有过硬的解剖理论

努力学习，提高医术，不断创新

与实践，更重要的是他始终将裘师的教诲装在心里，努力将病人“一个一个背过河”，而不顾个人的荣辱得失。

“医术虽有高低，医德最最要紧”。崇高的医德和精湛的医术，源于吴孟超“救死扶伤，治病救人”的职业自觉。在吴孟超看来，“医本仁术，医学是一门以心灵温暖心灵的科学。医生之于病人乃子女视于父母，其首要不在于手术做得如何流光溢彩，名响四方，而在于如何向病人奉献天使般的温情。”在吴孟超的心里：一名好医生应该眼里看的是病，心里想的是人。始终把病人看作是大写的“人”，才能不把医院开成药铺，才能不把病人当作摇钱树。凡是由他亲自操刀的手术，每次缝合结扎都坚持用手、用线，他常不厌其烦地对年轻医生说：“我们要多用脑和手为病人服务，用一次缝合器械，‘咔嚓’一声 1000 多元就花掉了，那可是一名农村孩子几年的读书费用啊！我吴孟超用手缝线可分文不要。”

多么人性化的换位思考，多么富有人文关怀的情操！在吴孟超的

吴孟超院士陪同联合国官员参观院史室

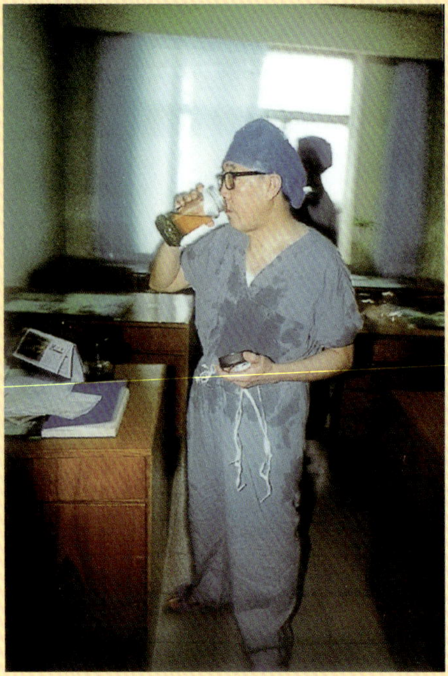

长时间手术后的饥渴

医学和管理“辞典”里明明白白地录下了：病人生病已经是非常不幸了，为了治病他们可能已经花光了家里的所有，有的还负债累累。我们当医生的，一定要设身处地为病家着想，替病家算账。正是如此精打细算，在他领导的东方肝胆医院切除一个肝脏肿瘤的手术费、治疗费等均低于全国平均水平。东方肝胆医院也赢得了国内外病人的极大关注和声誉。

2008年5月12日，突如其来的汶川特大地震牵动了所有人的心，也牵动了吴孟超院士的心。5月15日，上海吴孟超医学科学基金会立即为灾区捐赠价值500多万元的抗休克、血容量扩充等的急救药品。心系灾区的吴孟超还在第一时间内组建了第二军医大学东方肝胆外科医院医疗队，日夜兼程赴重灾区救助伤病员。自己虽无法亲赴第一线，却时时牵挂着当地百姓，对医疗队遇到的疑难重症病人，吴孟超都带领留院的专家亲自组织远程视频会诊……

至今，年逾九旬的吴老只要没有重大的会诊或出差，几乎每个工作日都会步履轻盈、满脸微笑地走入东方肝胆医院的开刀房，他曾自嘲：“这可能是我的手术依赖症。”这几年，吴老每年主刀完成的高难度大手术不下200台，连年富力强的医生都难以做到。2010年初，为《科学的道路》申报国家科技进步奖，笔者曾与吴老家通电话，本想周日他应该在家，却是他夫人接的电话，“吴老去医院了”。师母让我劝他多歇息，少开刀。当我把这个意思向吴老表达时，他不假思索地回答："扯蛋！别听她的。"语气之坚定，不容我细释。

这些都折射出吴孟超与病人的"肝胆相照"。

探索与传承　追求无止境

1963 年，吴孟超一口气写了八篇系列论文，提交全国第八届外科学术会议。国内主流媒体也进行了相关报道，上海科教电影制片厂拍摄了《向肝脏外科进军》的科教片，发行国内外，得到同行的交口称赞。

科学的发展是循序渐进的，一个问题解决了，新的问题又会出现。临床医学家对疾病的认识和解决，也往往经过由临床到理论研究，再回到临床实践这样的循环，由此使认识逐步深入，水准逐渐提高。吴孟超率领的科研团队一步步解决了肝脏解剖、手术止血、术后并发症、中肝叶切除等难题后，1975 年又成功切除了世界上迄今仍属最大的 18

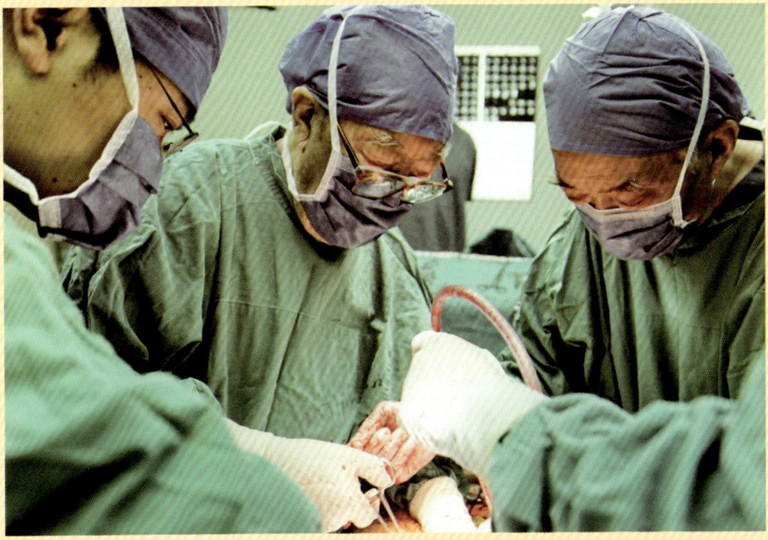

90 岁高龄的吴孟超院士依然精力充沛，手术不停（2013，方鸿辉　摄）

千克的肝海绵状血管瘤。1982年，吴孟超还接诊了一位仅4个月大患肝母细胞瘤的女婴。说实在的，婴幼儿的肝脏切除术难度实在太大，一般的医院根本不敢接手，但吴孟超还是决定收下这名小病人。作了精心安排后，经过5个小时的精细手术，吴孟超从婴儿身上切下了重达600克（比婴儿的脑袋还大）的肿瘤。第二天，美联社刊发了通栏报道：中国成功实施了第一例婴儿巨大肿瘤的切除手术。当年的这名婴儿，如今已是一位亭亭玉立的大姑娘了。兴许是上苍的安排，她护

下午三点走出开刀房后，吴孟超院士才用午餐是常有的事

校毕业后，被分配到大恩人所在的东方肝胆外科医院工作，这台手术也保持着世界上年龄最小的肝脏手术纪录。聊及当年的手术，吴老记忆犹新："我这个人做手术确实胆子比较大，虽然有难度，只要自己有把握，我总抱着尽可能为病人着想，能接受的尽量接受，从没有个人荣辱得失的念头。不过，事先我都要自己亲自检查清楚。婴幼儿的肝脏手术确实跟成人的难度不一样，手术做法也不一样，你比如说肿瘤长得很大，得看它肝脏的体积有多大，当然成人也要这样计算。那么

婴幼儿难度在哪儿呢？毕竟人比较小，耐受性差，风险也就较大，就这样。”高尚的医德将如此高难度的手术化为“就这样”的自如。

永不满足，勇攀高峰，是吴孟超执著的事业追求。他有战略家的眼光，更有勇士不知疲倦、永往直前的毅力和精神。在鲜花与掌声中，吴孟超的学术步伐迈得无比坚实……

继1978年在长海医院申请单独成立了列入正式编制的肝胆外科，实现了吴孟超人生事业上的第一次飞跃后，1993年5月肝胆外科获准成立了

吴孟超院士在实验室

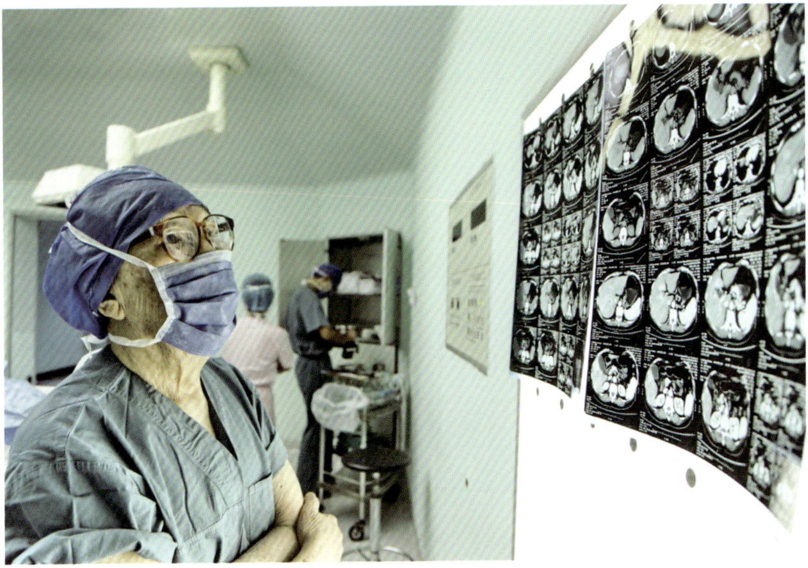

为病人开刀前，吴孟超院士必定会反复读片子（2011，方鸿辉　摄）

长海医院的“院中院”，共200张床位。1996年8月，中国人民解放军总后勤部又批准独立建立东方肝胆外科医院和东方肝胆外科研究所，实现了他人生事业上的第二次飞跃。1999年医院又加以扩展，床位增至700张，使东方肝胆外科医院成为第二军医大学的第三附属医院。由此，吴孟超也实现了人生事业上的第三次大飞跃。

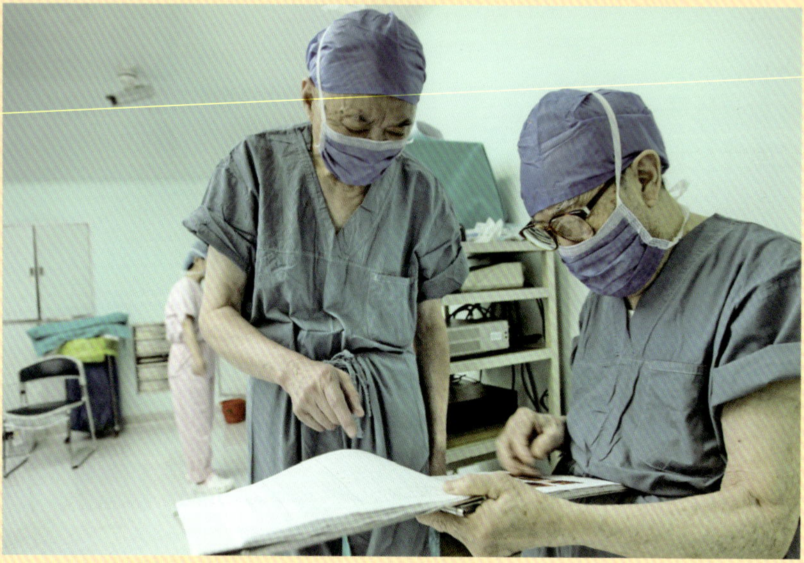

手术前吴孟超院士（右）与手术助手总要再细读一遍病人的病史（2011，方鸿辉　摄）

自20世纪70年代起，吴孟超相继提出了肝癌外科治疗的一系列策略：对巨大肝癌的“二期切除”；对肝硬化肝癌的局部根治性切除；对肝癌复发再手术……而由他率先成功开展的小儿肝脏外科研究与临床实践，让中国肝胆外科的声誉更令人瞩目。吴孟超不仅是一名优秀的外科医生、战术型医学家，更是一名高瞻远瞩的战略型科学大家。他常自谦地说是一名“手术匠”，其实早在“科学的春天”里，他至少已从两个大的方面作了思考并全身心投入了——培养人才与开展基础研究。为了让更多患了肝脏肿瘤的病人获益，吴孟超

吴孟超院士在第十二届亚太地区肿瘤会议上作报告（1995）

接受了全国各地大量的进修医生，毫无保留地传授高超的技艺，并掷地有声地表示：“为了诊治更多的肝癌病人，我的所有技术属于人类，我吴孟超没有专利！”

20 世纪 90 年代，吴孟超率领的科研团队在国际上首先成功地开展了高难度的腹腔镜下肝癌、肝海绵状血管瘤切除术，肝破裂修补术和肝动脉结扎术，并且在肝癌早期诊断、肝癌病理特征、肝癌标记物、肝癌的免疫和基因治疗、生物细胞信号传递、肝脏移植诸方面的临床与基础研究上取得了重大进展。这些学术与技术的创新，直接让患者延长了生命，改善了生存质量，使肝癌术后五年生存率由 20 世纪 70 年代末的 16% 上升到 80 年代的

吴孟超院士获得的部分学术荣誉
（左起：陈嘉庚医药科学奖、何梁何利基金奖、英国爱丁堡皇家荣誉院士）

38.2% 和 90 年代的 48.6%，21 世纪初已达到 53.2%，其中最长患者存活 46 年，目前仍健在。2011 年 8 月 31 日是吴孟超 90 岁生日。当天上午他依然精神矍铄地走进开刀房，医院破例地将两台高难度手术安排在两个手术室相继迎接这位德高望重的老院长主刀。仅花三个小时，两台大手术均圆满完成，历史记录下这是吴老从医 68 年来的第 14280 台手术。截至 2012 年 10 月，东方肝胆外科医院已施行肝胆外科手术 42300 例，其中肝癌切除手术 20200 例，手术成功率达到 98.5%。

吴孟超很善于利用国外先进的科研和教学资源，首创构建科研国际合作平台和人才培养的“哑铃模式”，为东方肝胆外科医院和军队培育并引进了不少人才。吴孟超敏锐地认识到，要从源头上杜绝肝癌的发生，得奉行“治未病”的思路；要从根本上提高肝癌的防治水平，必须依赖基础研究的进步。他很有见地地提出“要把基础研究放在比临床治疗更重要的地位”的战略思想，顶住舆论与各方的压力，在东方肝胆外科研究所内组建了中德合作生物信号转导研究中

关注学生的科研新成果（2007）

吴孟超和裘法祖院士祝贺学生王红阳当上了院士（2005）

心、中日合作消化道内镜临床研究中心、中美合作肿瘤免疫和生物治疗中心、沪港合作基因病毒治疗中心等四个在国际上具有较大影响的基础研究基地，开展了肝癌信号转导研究、肝癌的病毒及基因治疗，发现肝癌细胞的重要生物学特性，用生物治疗抗肿瘤，并首创两项肝癌疫苗技术。这些都折射出吴孟超与学术追求的“肝胆相照”。

国际著名肝脏外科学家、国际肝胆胰协会前主席说：“吴教授对肝癌的基础研究和临床工作在中国和国际都处于领先地位，他的成就令全球同行瞩目和钦佩。”

孜孜矻矻造就人才梯队

肝癌是全球肿瘤致死率高居第三的恶性肿瘤，也是我国常见的恶性疾患。全球每年约有 70 万人死于肝癌，我国卫生部统计数据显示，全国每年有近 40 万的肝癌新发病例，占全球肝癌病人总数的一半以上。作为一名有时代责任感的医生，吴孟超深感任重道远。“我吴孟超不是‘千手观音’啊，怎能对付得了这么多急需手术的患者？”这便是他组建人才梯队的本初动力。而医学科学的突飞猛进，也向吴孟超提出了必须组建学术梯队的大课题。为了学术研究的持续健康发展，吴孟超始终视造就人才梯队为其不间断的也是最核心的工作之一。无论科研和行政事务多忙，他都亲自带教学生。自 1978 年恢复硕士生全国招考以来，他主动请缨亲自带教的硕士生、博士生与博士后已近 200 名。他尤其注重高层次和创新人才的培养，学生中涌现出“中国青年科学家”“作出突出贡献的中国博士学位获得者”“长江学者奖励计划特聘教授”“中国人民解放军总后勤部科技金星”以及上海市“十大科技精英”、上海市卫生系统最高奖——“银蛇奖”等荣誉获得者，他们中已有上百名成为教授。而由吴孟超学术梯队为国内外培养的肝胆外科中高级专业人才已达几千名，其中 70% 以上已成为全国各单位肝胆外科的学科和学术带头人。如今由吴孟超领导的肝胆外科研究队伍，已发展成“四代同堂”、老中青俱全、硕士以上学历占 90% 的技术密集学科，展现了国内外同类学科少有的技术和科研阵容。他的人才培养实践以及提出的崭新机制，

吴孟超院士认真为前来咨询的病人作答

得到了教育部、科技部和国家自然科学基金委的大力推广。

年逾九旬的吴孟超，至今仍不知疲倦地将自己的德、识、才、学毫无保留地传授给他们，并积极创建条件，让学生脱颖而出。吴孟超培养每一位研究生，首先关注的是教会他们如何做人，然后才是做事与做学问。凡是他的学生都明白，恩师一贯倡导的是医乃仁术，行医是实践仁爱之道的修炼过程，因此要当一名好医生，必须要有德行，有爱心，有人道，有济世的品格；凡从医者必须具备三种精神，那就是无欲无求的献身精神，治病救人的服务精神，求实求是的科学精神；还要有丰富的临床经验与精湛的技艺，两者相辅相成，缺一不可。凡是他的学生也都明白，恩师最讨厌的是缺乏仁爱之心，以牟利为目标的行医，治病先看病家的地位、财富，对权势者或富人用心、对报酬丰厚的事用心，而对贫者轻忽甚至粗心；医术不精，不通医典，用药不上心，甚至误用乱用或不假思索地为病人用贵重药品；开刀不细致，甚至频出事故；抬高自己，贬低同行；侥幸治好一位病人则飘飘然，到处吹嘘，若治不好，则把责任推诿旁人或同行，甚至背地里诋毁同事或同行。

科普报告后，吴孟超与杨雄里院士为听众题词（1997，方鸿辉　摄）

“桃李满天下”的吴孟超2008年荣获上海十大教育功臣称号，可谓实至名归！今天的东方肝胆外科医院和研究所已被国内外学界公认为是中国肝胆外科人才起飞的“黄金高地”。凭着吴孟超的人格魅力，我国不少肝胆外科的精英都凝聚在他的周围，共铸肝胆外科的辉煌。如今吴孟超的科研团队仍在不断吸引有志于肝胆外科的青年才俊。

除了组建人才梯队，吴孟超还不忘投入科普工作。经常受邀到各地作科普报告，撰写科普文章。他明白科学研究和普及，如车之两轮、鸟之两翼，缺一不可。这些年来，粗粗统计一下他拍摄的科普影片、撰写的科普文章、接受媒体的采访、作各类科普报告和医学咨询等医学普及工作，也足以出版一部厚厚的肝胆科普文集。

60多年来，吴孟超的肝胆学术团队已由最初的“三人小组”，发展成专科、研究中心、研究所。他所组建的东方肝胆外科医院（三级甲等医院）和肝胆外科研究所，成为迄今国际上规模最大的肝胆疾病诊疗中心和科研基地，起到了推动我国乃至世界肝脏外科发展的作用，并使我国在该领域的研究和诊治水平居国际领先地位。

吴孟超院士为方鸿辉编辑的《中国科学院院士自述》题词（1996，凤鸣　摄）

2006年年初，吴孟超联合了汤钊猷、顾健人、闻玉梅、郑树森、杨胜利、王红阳等六位院士，向国务院提交了“集成式开展肝癌研究”的报告，得到了国家领导人的高度重视。同年吴孟超荣获2005年度国家最高科学技术奖。2010年12月，国家发改委正式批复国家肝癌科学中心项目的可行性研究报告。2011年10月12日举行国家肝癌科学中心项目开工仪式，选址在上海市嘉定区安亭镇东方肝胆外科医院的新院区。

2015年10月18日，落户嘉定安亭的新院——第二军医大学第三附属医院（上海东方肝胆外科医院）正式试运行。这是国内一次性建成的体量最大的三甲医院，占地397亩，建筑面积22.28万平方米，床位1500张。医院定位于立足上海、服务军队、面向全国，七位一体（军事卫勤、医疗、教学、科研、预防保健、康复、急救）、国内先进的“大专科、小综合”研究型医院，按照三级综合医院标准建设。医院拥有上海首台第五代射波刀系统、全球最先进的能谱CT设备和全球领先的52环PET-CT等。30间手术室全部为空气净化手术室，其中6间为百级层流手术室，1间为数字一体化手术室。当然，安亭新院

第二军医大学第三附属医院（东方肝胆外科医院）安亭新院

最大的特色还在于其拥有肝脏外科手术和综合治疗领域有独到见解的顶尖人才，包括杨甲梅、杨广顺、俞卫锋、张永杰、赵学、何建、刘国勤教授等一大批肝胆疾病诊疗以及在骨科、心内科等方面有突出贡献的 30 多名各学科一流学者与专家，为病人提供综合性的医疗服务。与新院毗邻的国家肝癌科学中心也已竣工，该中心聚焦肝癌研究领域的重大科技攻关，为肝胆肿瘤的精准治疗提供支持，可谓交相呼应，相得益彰。这幅蓝图的勾画与软硬件的配置，总设计师就是吴孟超院士。安亭新院与国家肝癌科学中心，是他耄耋之年完满实现的事业上另一个大梦想，诚可谓吴老实现了人生事业上的第四次大飞跃。

2016 年 1 月 8 日，94 岁的吴孟超院士带领助手，在安亭新院亲自主刀为 45 岁的患者叶某成功切除 13 厘米 × 15 厘米的右肝巨大肿瘤。这是新院试运行后开展的第一台肝胆外科手术，标志着新院外科手术的正式启动。

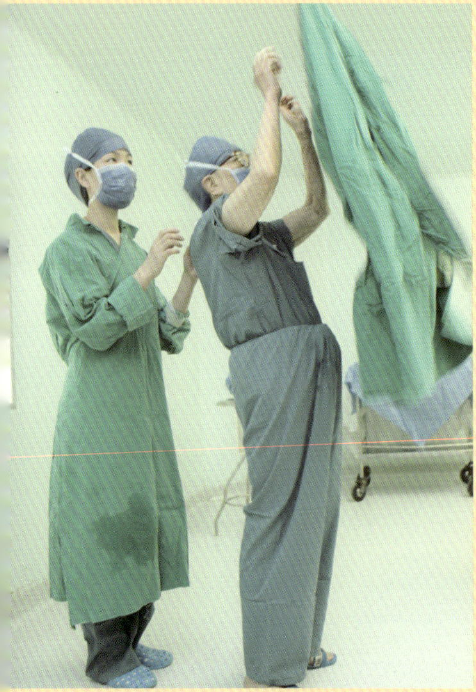

“吴氏穿衣法”——将手术袍高高抛起，双手顺势进了袖笼（2011，方鸿辉　摄）

如今，吴孟超依然肩挑临床、科研、教学和行政四副担子，每天时间安排很紧，每周二的专家门诊雷打不动，还不时要去检查上海西北角的嘉定的国家肝癌科学中心和东方肝胆新院的工作。平时只要没有非去不可的会诊或会议，他几乎天天都会站在手术台前。“我经常是早晨八点半进开刀房，小手术能做两三台，大手术就做一台，从手术台上下来总差不多一两点钟了。”吴孟超平静地说道。

2011 年 9 月 19 日，笔者亲眼目睹了吴老主刀为一位肝癌患者切除巨大肿瘤的全过程。肿瘤切除程序干净，动作利索，连最后的缝合都亲自做完，可谓一气呵成。如此高难度的肝脏手术，在耄耋之年的吴老手中却是如此娴熟。要不是亲眼所见，很难想象一位九十高龄的老人在手术室会如此精神抖擞，干净利索。

理智地思考，这样高龄的医学大家从事临床工作已十分罕见，而上台操主刀做肝脏大手术的，恐怕绝无仅有，这也真该录入世界吉尼斯纪录了吧！

60 多年的外科手术生涯，给吴孟超的右手留下了一个特别的标记：他的食指的指尖向大拇指方向蜷曲，而中指的指尖却向无名指方向蜷曲。摊开手掌，如果不刻意地并拢，食指和中指的第一节就会形成一个小小的“V”型。吴孟超看着自己的手，笑着说：“60 多年了，每天要开刀、缝合、用手术钳，就变成这模样了。”这就是当年被朱镕基总理称为“国宝”的手！这个“V”型是 60 多年执著外科手术的标

第四届吴孟超肝胆外科医学奖颁奖仪式后，吴孟超、裘法祖、谈家桢院士与获奖者合影

记，更是吴孟超肝胆外科事业有成的象征。跟在吴老身边的人都知道，他做手术时眼睛并不是总盯着手术部位，而是看着前方患者实测各项生理数据的显示屏，只见他的双手在腹腔里游刃有余，但经常是不费一刀一剪，就麻利地把肿瘤剥离下来。这些“手法”别说是摄像机，就连跟随他多年的弟子们也没悟透。

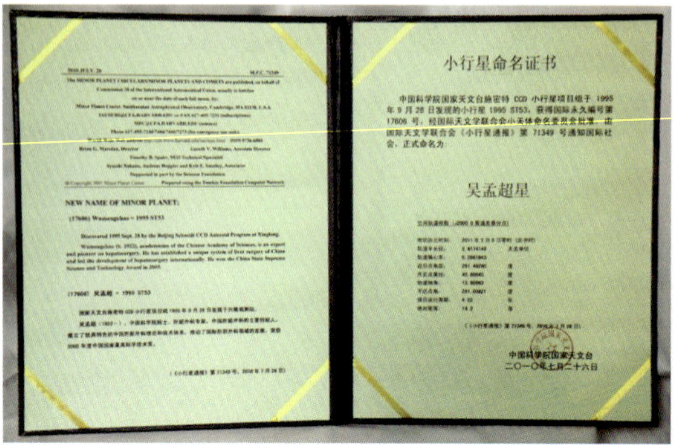

国际永久编号第 17606 号小行星被命名为“吴孟超星”

1997 年，吴孟超将自己多年来所获得的各类奖金全部捐献出来，申请成立了“吴孟超肝胆外科医学基金”（目前基金已达 1000 多万元），设立了“吴孟超肝胆外科医学奖”，对全国各地在医学创新（尤其是在肝胆外科领域）上作出突出贡献的学者进行奖励，当然对医学创新课题也给予奖励。迄今，该基金已奖励了 60 位在医学领域作出创新性贡献的杰出专家。

这不也折射出医学教育家吴孟超与人才梯队的“肝胆相照”吗？

2010 年 7 月 26 日，国际小行星中心确认第 17606 号小行星永久命名为“吴孟超星”。2011 年 5 月 3 日，国家科技部举行有关第 17606 号小行星命名为“吴孟超星”的仪式。苍穹中一颗闪亮的“吴孟超星”在永恒地运行，昭示每一位白衣“仁者”要始终为人类的健康事业肝胆相照。

2012 年 2 月，感动中国组委会授予吴孟超的颁奖辞：60 年前，他搭建了第一张手术台，到今天也没有离开。手中一把刀，游刃肝胆，依然精准，心中一团火，守着誓言，从未熄灭……

附录

吴孟超院士已93岁了(2014年),依然每周要亲自主刀多台高难度的肝胆手术,坐堂周二上午的专家门诊,主持着东方肝胆外科医院院长和研究所所长的日常实务,并亲自带教着多名研究生,还不时要跑到嘉定在建的东方肝胆新院和中国肝癌研究中心的工地视察……究竟是什么力量,使这位年逾九旬的老科学家依然充溢如此的生机?

大医为人与处世

成功做事的前提——学会做人

成功手术后的喜悦

一个人不管有多聪明,多能干,背景条件有多好,如果不懂得如何做人,那么最终的结局很可能就是失败。做人是一门大学问,也是一门大艺术。很多人之所以一辈子都碌碌无为,那是因为活了一辈子都没有弄明白该怎样去做人。至于如何做事与做学问,有了如何做人来垫底,事在人为么!

看来,对每个人来说亟须解答的人生最大的问题也就是"怎样做人"。从吴孟超一生所走过的人生与学术道路——在坎坷中奋斗,在成功中继续努力,在仁者医人中以行为所作的种种诠释……都毫无疑义地说明：吴孟超已经很高尚地解答了这个问题。

分析吴孟超在做事与做学问上能取得如此辉煌的成就，最关键的一点是他一生都在孜孜矻矻地寻求如何做人，他所走过的道路处处透射出他特有的做人通则与做人技巧。

做个有志向的人

一生坎坷的吴孟超，所踩踏出的科学道路，处处体现了自强、自立、自信、自超。他很早就立下了志向，用时髦的话叫做“有梦想”。

“我原先的名字叫孟秋，在念书念到一年级以后，我就觉得这个‘秋’字不太好，有一点像女孩子的名字，我有一点不太服气。当时就想，‘秋’跟‘超’在福建口音中有一点音相近，于是我就把这个字改了，是我自己改的……”这应该是童年吴孟超从内心呼唤自强的信号——要做一名堂堂正正的强者，也是他性格中“自强”火苗在心灵的闪现。

更有意思的是，吴孟超一旦立志要“当一名外科医生”后，哪怕面对留同济医学院当小儿科医生，这一旁人看来是“捧到了金饭碗”的好职位，也被他毫不迟疑地抛弃。要知道那是发生在新中国刚建立的上海，对初出茅庐的吴孟超来说是人生地不熟，找工作又是十分困难的时间与地点。于是，这位怀揣名校毕业证书的高材生成了踯躅街头的失业者。他就是这样一位不达目的不罢休、咬住青山不放松的倔汉子。他心里很明白：打垮自己的往往不是别人，而是自己，不要把一次失败就看成是人生的终结。

志向既定，成功的道路就得靠自己去闯。做人有困惑，做事有困境，世上没有一帆风顺的事，只看你有没有坚强的信心与坚韧的毅力。他敢于作出这样的抉择，正体现了心灵中有一种超越的志向和追求。由立志当一名外科医生的职业志向，以后进化为“医者仁心”的大医志向。

为实现这个人生志向，一旦有幸当上一名外科军医后，他便以充沛的精力、执著的坚毅和脚踏实地的努力，以仁爱之心挽救每一位他所施救的病患者，竟然从死神手中拉回了14000多名肝胆癌症患者的性命，这项事业是多么不朽！俗话说“救人一命，胜造七级浮屠”，吴孟超一辈子在奋不顾身地援救面临死亡威胁的这么大量的病人，该是胜造了多少“七级浮屠”？如佛家常说的“诸恶莫作，众善奉行”，吴孟超虽不是佛教徒，但他毕生在奉行众善。只有践行了“仁者爱人”的做人准则与志向，吴孟超才会有如此坚定的“仁者大医”的追求，才推动他作出了一系列创新成果，才取得了一系列肝胆事业的飞跃，也才支撑他九十高龄依然能高高地扬起生命的风帆。

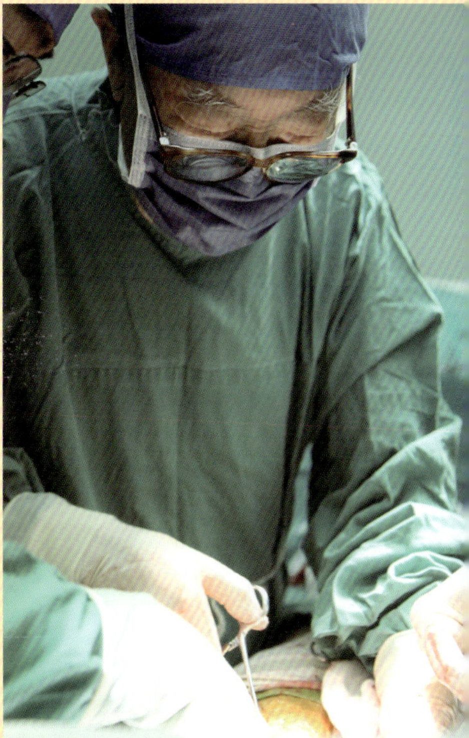

年逾九旬的吴孟超手术动作依然极其利索（2013，方鸿辉　摄）

现今的年轻人往往功利地混淆了两个概念，将一个人的职业志向等同于人生志向。由此导致不少人为追求外在的成功、光鲜的社会地位和令人羡慕的高收入而无休止地“炒鱿鱼”，走花灯似地频频跳槽，到头来生命的意义又会有多大的光辉？

吴孟超的成功做人，首先体现在好男儿早立志，敢于自己拍板，不怕失败，不轻言放弃。成功时，从不得意忘形；失败时，更不会灰心丧气。他也从不怨天忧人，抱怨命运不公。面对“山重水复”之关卡，勇创“柳暗花明”之境界，始终用信心去战胜一切困难。欲成就人生一番事业，就要敢担当，干大事，揽难事。立个志向，持之以恒；树个目标，人生才有前行的方向。

做个有仁爱之心的人

“德不近佛者不可为医，才不近仙者不可为医”。真正的“佛”和“仙”我们都没有见过，我们所看到的是慈眉善目的全心全意为患者尽力的好医生——吴孟超。

孙思邈在《大医精诚》中谈论医德时，要求所有从医人员必须做到两点：第一要“精”，即要有精湛的医术，因为医道是“至精至微之事”，从医者必须“博极医源，精勤不倦”；第二要“诚”，即从医者要有崇高的品德修养，具一颗“见彼苦恼，若己有之”感同身受之心，能策发“大慈恻隐之心”，方能发愿立誓“普救生灵之苦”。真所谓精诚所至，金石为开，允“精”允“诚”，乃为大医！

吴孟超所走过的从医道路，得到了恩师裘法祖教授为医之术的指导和为医之道的熏陶。“裘老师常说：治疗病人犹如将他们‘一个一个背过河’；对待功、名、利禄要‘一身正气、两袖清风、三餐温饱、四大皆空’……这些富含人生哲理的话语，同先辈们说的‘医乃生死所系，非仁爱之士不可托也’有异曲同工之妙啊！”他还常说：“从医这么多年，我时时记住裘老师讲过的一句话——医术有高低，医德最要紧。”

正是这些为人之道的人文情怀，使吴孟超获益匪浅。往后数十年从医生涯中，他一贯待老师敬若父母，待病人不分贵贱，待战友心地坦诚，待学生甘为人梯。“做医生在品格上至少要具备三种精神：

慈眉善目的大医——吴孟超院士（2013，方鸿辉　摄）

无欲无求的献身精神，治病救人的服务精神，求实求是的科学精神。”吴孟超时时处处都体现了这三种精神。

每年的大年初一清晨，作为院长的吴孟超总会第一个赶到病房，向全院上下所有病人和值班医务人员拜年，将新年的第一声祝福送给他们。

1986年，吴孟超任第二军医大学分管医疗科研的副校长后，由于手术、科研、带教研究生、肝胆外科主任等工作还兼着，实在忙得连气都喘不过来，领导决定不再让他“出门诊”，但名声在外，疑难高危病人还是牵挂着大医吴孟超，竟连连发生“拦路求医”的事件，甚至深夜开会回家，还有病人等在家门口求医……这些求医者往往是肝癌晚期或手术难度极大者，或外院不肯接受的危重病人，而且往往又都是没有“门路”的贫困者。“只要你吴孟超看过了，摸过了，哪怕死了，我也口眼都闭了。”

吴孟超没有抱怨，而是深深地自责，“不出门诊，在一定程度上阻断了我与患者的联系，这些病人需要我呀，这也是他们对我的信任呀！”不管肩上有四副担子也好，五副担子也罢，立即重启吴孟超专家门诊，定在每周二上午，数十年雷打不动。

“哪里人呀？”“做什么的？”“家里几口人呀？”……吴孟超看病

先同患者聊家常。温馨的话语，平等的交流，让患者面对大医的紧张心理得以放松。听完患者的诉说，看了患者曾经做过的各项检查资料，就细细询问患者目前的症状，若需检查，他会细心地拉上屏风，冬天还会把手搓热，轻轻摁下病人的腹部，轻声询问病人哪里有触痛点。作完检查，他习惯地弯腰将病人的鞋子摆在最适宜病人下床穿着的位置。若能够做 B 超明确诊断的，绝不做其他昂贵的检查，而且他还会亲自为病人做 B 超。

东方肝胆外科医院的所有员工都从心底理解吴孟超院长常说的："不能把医院开成药店，把病人当作摇钱树""一名好医生应该眼里看的是病，心里想的是人""医本仁术，医学是一门以心灵温暖心灵的科学"……

仁爱与善良是人性光辉中最温暖、最美丽、最让人感动的一缕，就像一盏明灯，既照亮了周遭的人，也温暖了自己。仁爱与善良会相

吴孟超院士每周二上午的专家门诊是雷打不动的（2013，方鸿辉　摄）

互感染和传播，也推动了吴孟超的肝胆事业走向成功，走向辉煌。

做个身心健康的人

1964 年，清华大学为年过八旬的体育老师马约翰先生开庆祝会，因为他已经为清华大学整整服务了 50 年，几乎所有在清华上过学的学生都曾接受过马先生的教诲，或许在每天的体育锻炼中，或许在体育课的课堂中，他就在你的身边，虽不那么起眼。时任清华校长的蒋南翔认为，马先生用自己的人生书写了清华的一种传统，号召清华学子向马先生学习，并提出一个最质朴也最有感染力的口号——为祖国健康工作 50 年。

人生苦短，很难有两个 50 年。事实上，从“二十弱冠”到“年逾古稀”的 50 年，几乎也就是一个人的一辈子了。人这一辈子该干

门诊交流告一段落后，吴孟超院士会亲自为患者做 B 超（2013，方鸿辉　摄）

什么？吴孟超的回答是：与祖国同命运，只有在“大我”中才能实现“小我”。但是，要达成这个目标并非是一件易事，尤其是中国老一代的知识分子，多风雨多磨难，能健健康康度过中年且在学术上有所建树已是天大的幸事。“为祖国健康工作50年”对大多数知识分子来说或许仅是一种奢望，30年还有可能，40年已凤毛麟角，50年更是遥不可及。不少优秀的精英，中年早逝已不鲜见。但是，吴孟超实实在在地做到了“为祖国健康工作60多年”，而且做得很辉煌。如今已93高龄的吴孟超依然把每天的时间安排得密不透风。

这里所谓的“健康”包含两个方面：心智健康和体魄健康。

从心智方面来看，吴孟超一辈子牢记《易经大传》中“天行健，君子以自强不息”“地势坤，君子以厚德载物”的精粹，以建立自己强健的心理和完整的人格。真正有见识的“君子”当知天时、任时命，顺“天道”——自然规律。而“厚德载物”就是要像大地那样广博宽厚，容纳万物，这也是国人修身养性的积极方面。厚德的本意就是要加强道德修养。中华民族是一个非常讲究崇尚道德的民族。五千年来，无论世事如何变化，勤俭、忠义、谦让、孝顺都是恒古不衰的美德，多少古圣先贤更是视之为传家宝。大凡成功的人，往往也都是德行高尚的人，心理健康的人。吴孟超就是有这种教养的，往往不以术而以德，往往不以谋而以道，往往不以权而以礼，来成就其事业的。

有教养的人在自己独处时，超脱自然，会管好自己的心，在与人相处的时候则为他人着想。“假如我是他”则是吴孟超待人处事的永恒守则和美丽的换位艺术。与人为善，淡然从容，宁静致远，自我反思，则事事放心、顺心。

遵照中央军委调整领导班子应遵循革命化、年轻化、知识化、专业化的精神，1985年总后勤部部长洪学智将军通过与吴孟超的反复接触，很理性地意识到吴孟超这位小个子专家非同寻常，正是他希冀寻找的第二军医大学校长的最佳人选，便直言相告，希望他挑起这副重担。同样理性的吴孟超秉直回复：“首长，我是个医生，我希望做临床。”洪部长一时以为吴孟超“真怕干不好”或是大专家固有的谦虚，姑且让他再考虑考虑吧。谁料两个月后在北京，洪部长再次同吴孟超谈这件事时，心系肝胆外科事业的吴孟超便斩钉截铁地回复：“部长，我真的干不了。”在外人看来这是求之不得的大好机会，却被吴孟超放弃了。因为他心中早有大志向——要攻克肝癌。再诱惑人的权重位高都对他没有任何吸引力。他就怕担任一校之长而干扰了他心中的宏图大略。经过激烈的“讨价还价”，1986 年吴孟超才很“被动”地担任了第二军医大学分管医疗科研的副校长，并被破例地应允他兼任肝胆外科主任。连任两届后，绝不“恋栈”，又全身心地扑入他心爱的肝胆事业。这种心理是何等健康！

2005 年冬天，吴孟超被推荐参评国家最高科技奖，上级派人对

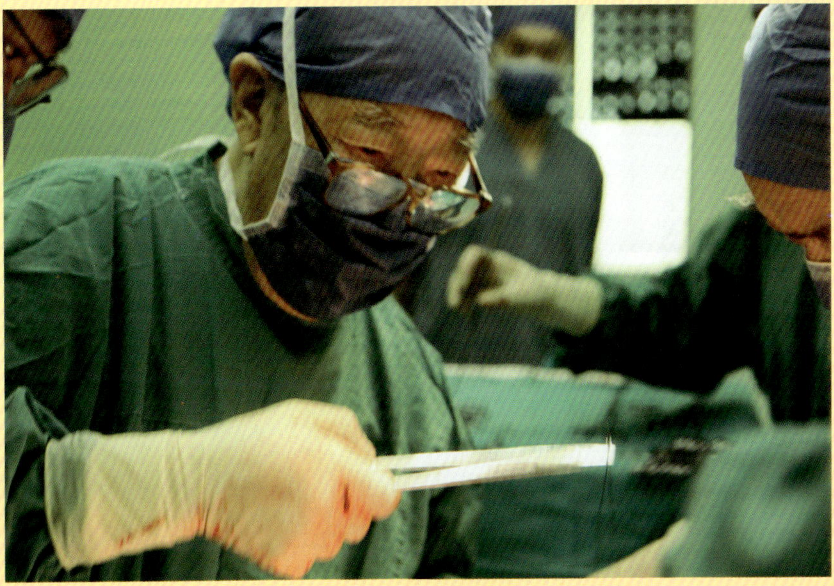

连手术的缝合操作吴孟超院士都自己完成（2013，方鸿辉　摄）

他进行考核，确定第二天上午与他谈话。机关考虑到这是件大事，取消了他原定的手术。吴孟超得知后，坚持手术不能推迟。考核组的同志感到不解：这是个什么病人，怎么这么重要？

下午谈话时，禁不住温和地问了一句："吴老，上午在给谁做手术呀？"吴老说："一位河南的农民，病得很重，家里又穷，乡亲们凑了钱才来上海的，多住一天院，对他们都是负担。实在抱歉，让你们等我了。"考核组的同志听了肃然起敬，这种感动是从心底迸发出的。单凭这一小小的举止，已足以大大褒奖。由此，我们也可洞见这位国家最高科技奖获得者的健康的心理。

这就是吴孟超，一位把患者的生命看得比天还大，把老百姓的利益看得高于一切的人！一位真正与病人肝胆相照、与医学科学事业肝胆相照、与人类健康生存肝胆相照的人！一位确确实实配得上大

作为泰斗级肝胆外科大家，吴孟超院士还是珍惜每一次的会诊和病例研讨，并视之为学习和提高的大好机会（2012，方鸿辉　摄）

写的人，配得上获得国家最高科技奖的大医！

至于说到吴孟超的体魄健康，他没有留过洋、啃过洋面包，自然也没有养成打网球、打高尔夫球等高雅运动的习惯。他年逾九旬，仍能猛虎下山般有活力，完全得益于日常不停地思考与劳作，以手术、讲课、实验、著述等轮番辛劳，以达到健体的效果。俗话说“心灵手巧”，其实“手巧”也促进“心灵”。这里的“心”乃是指“大脑”。只要脑健，身体自然健。

数十年兢兢业业，他还练就了过硬的“站功”“饿功”“憋功”。一台大手术常常要连续站七八个小时，饿着肚子不能进食（高度紧张往往也体察不出饿与渴），哪怕术前再少喝水也难能七八（甚至十来个）个小时憋着尿。2011 年采访程月娥护士长时，她说到“开完刀就要洗一个澡，这几乎也是所有外科医生的惯例。吴老开完刀也总要

2012 年 5 月，吴孟超院士带着两个女儿到他在云南时期读书时常去的西南联大旧址，回忆当年的峥嵘岁月

洗个澡出手术室。可是，过春节放长假他不开刀了，会觉得很难受，他总是觉得不踏实，因此会来医院查好房再洗个澡，权当做过手术了，兴许是过个瘾吧！”

也许读者会认为，吴孟超平时的饮食恐怕是“超级”的，否则何以有如此神奇的精力？

吴孟超的大女儿吴玲说，“父亲吃的很简单。他对生活一点要求都没有，吃没有要求，穿没有要求，住也没有要求，都没有特殊要求……”他每天早晨自己煮（现在由阿姨帮忙）一瓶脱脂牛奶，放入几粒枸杞，待梳洗完后，再泡入几片曲奇饼干，就当早餐了。上午若连续两台手术，一般下午2点左右在医院吃手术餐，但他从不吃自助手术餐，食堂会为他煮一碗稀饭（地瓜稀饭，南瓜稀饭或红枣稀饭）当主食，而辅食往往就是炒得很清淡的蔬菜或一小块鱼，然后就是半根香蕉。若手术在上午11点前结束，吴老就会回家吃午饭，吴玲说：

每一次采访结束后，吴孟超院士都要高兴地同方鸿辉合影以留念（2012，吴月明　摄）

"中午如果回来的话，就大半碗米饭，然后烧一个荤菜，有时候炒两个素菜，我们三个人（指吴孟超和女儿吴玲以及保姆）一起吃。晚上的话就烧一锅稀饭，喝喝稀饭，菜都要很清淡的，不吃太油腻的，有时候就只喝稀饭，有时候吃点阿姨做的饼或食堂买的馒头什么的。"护士把自己做的糖醋大蒜头或生姜片送他，他倒是很喜欢吃的，而且家里常备从铺子里买来的酱大蒜头和酱生姜片。

吴孟超能有如此健康的体魄，同他注意养生是密切相关的。当然，同他一辈子存好心、做好人、有个贤惠的妻子与和睦的家庭，让他欢喜充心、愉悦映脸、乐观向上，更密切相关了。

诗人歌德赞叹道："这些人是不平凡的天才，他们在经历一种第二届青春……"

生理年龄的青春诚然可贵，而能永葆心理年龄的青春，就更难能可贵了。吴孟超肌肤虽已衰老，然而他对科学事业的执著与热情依然不减当年。因为他明白：岁月悠悠，衰微只及肌肤；热忱抛却，颓唐必至灵魂；忧烦、惶恐、丧失自信，定使心灵扭曲，意气如灰；生命是如此短促，"攻克肝癌，还有许多事情要做，必须争分夺秒"！

这就是令吴孟超充溢勇锐之气的源泉。

青春，对于年逾九旬的科学泰斗吴孟超来说是永存的，毕竟他有"深沉的意志、恢宏的想象、炽热的情感"。苍穹中一颗闪亮的"吴孟超星"在永恒地运行，昭示每一位白衣"仁者"要始终与人类的健康事业肝胆相照。

（原载2014年9月26日《中国科学报·印刻》整版，
原标题为《大医为人吴孟超》，本文有删节）

谷超豪

不断学习、探索与审美，既是修身养性的胜境，也是事业成功的源头活水。

谷超豪　数学家。1926年5月15日生于浙江永嘉。2012年6月24日逝于上海。1948年毕业于浙江大学数学系，1953年起在复旦大学任教，1957年赴苏联莫斯科大学进修，获科学博士学位。复旦大学教授。1980年当选为中国科学院数学物理学部委员（院士）。历任复旦大学副校长、中国科技大学校长。主要从事偏微分方程、微分几何、数学物理等方面的研究和教学工作。在一般空间微分几何学、齐性黎曼空间、无限维变换拟群、双曲型和混合型偏微分方程、规范场理论、调和映照和孤立子理论等方面取得了系统、重要的研究成果。特别是首次提出了高维、高阶混合型方程的系统理论，在超音速绕流的数学问题、规范场的数学结构、波映照和高维时空的孤立子的研究中取得了重要的突破。撰有《数学物理方程》等专著。研究成果"规范场数学结构""非线性双曲型方程组和混合型偏微分方程的研究""经典规范场"分别获全国科学大会奖、国家自然科学奖二等奖和三等奖。曾获得2009年度国家最高科学技术奖。2009年8月，经国际小行星中心和国际小行星命名委员会批准，国际编号为171448的小行星被命名为"谷超豪星"。

人生几何学几何

——谷超豪的诗性数学人生

诗人与数学家似乎是风马牛不相及的两类人。

诗歌属艺术门类，基本上是情感的产物。做诗无疑要靠形象思维，因此诗人必须具备自由驰骋的思想，有天马行空的想象，会无中生有的创造。数学则属自然哲学，是一门严谨的工具学科。数学所探寻的是自然界本质的原理与规律，是数与形的表达，必然是理性思考与逻辑推理的结果。

谷超豪院士

数学家讲究的是严谨的假设与缜密的推理，必须具备做学问的一丝不苟的作风，具有将扎实的基础不断予以深化、拓展以逐步逼近真理的能力。再说，诗歌与数学所用的是两套完全不同的语言系统：做诗采用的是人们日常生活的语言；数学则采用描述自然的特有语言——数、形与一整套严密的逻辑推理符号。

那么，情感与理性能协调吗？这两种气质能在同一个人身上和谐地统一吗？

在数学家谷超豪身上，我们找到了答案。

数苑从来思不停，穿云驰车亦有成。

且喜高空得孤子，相互作用不变形。

谷超豪院士在“谷超豪星”命名仪式上

这是中国科学院谷超豪院士在担任中国科学技术大学校长期间写就的一首诗。当年（1988—1993），他经常要往返于上海与合肥之间，年过六旬，科研、教学与行政三副担子沉沉地压在肩头。上帝给每个人的时间都是每天24小时，不会因为你位高权重而有任何优待，这就迫使谷超豪将兼有的诗人的奔放与科学家的缜密完美地融合起来，追求简洁、对称与和谐，就成了他思考与处理科研、教学与行政问题的准则。在繁忙的科研工作之暇，甚至在出差公务的路途中，他也会惜时如金地调动大脑皮层中可致利用的相关信息，综合并交错地思考、碰撞，令创新成果迭出。上述精妙的诗篇就是他在飞机上思考“抓立子”问题时的偶得。可见，谷超豪确实具有诗人与数学家的通感。

若要寻找数学家与诗人间的通感，其实还是能觅到一些端倪的。我们不妨从诗歌与数学探寻的本质与表达的形式来作些比较。诗歌与数学公式、定律，都能表达纷繁复杂的社会与自然的现象与规律，化繁杂为简洁，抓住核心，推陈出新。可以说，它们都是创新的思想成果。诗人情感奔放的背后，是在追寻做人之理，处事之道，所谓“诗言志”，它与数学探寻的自然之道、万物之理同出一辙。而且，它们在智慧反映与形式表达上与美学的三大特征——简洁、对

谷超豪院士在思考（2002，方正怡　摄）

称、和谐，也是完全相通的。尤其是诗词表达的弹性与无言之美，总以含蓄暗示、若即若离而引人入胜，它与数学表达的简洁、本质与深刻又何其相似乃尔！因此，谷超豪认为：诗歌“比别类文学更严谨、更纯粹、更精微”，与数学理论能“从尽可能少的假设和公理出发，用最简洁的形式，概括尽可能多的经验事实”，在表述上有异曲同工之妙。难怪有人赞美数学定律、公式和理论之美是“用数学语言写就的诗”，或简称之“数学诗”。

谷超豪还认为：数学与古体诗词的相通，除了两者都用简洁的语言来表达丰富的世界外（譬如射影几何学采用直线、点、相交性等一些简朴的概念以描述丰满、完善的理论），数学还极其重视对称，这与古体诗中的“对仗”是多么相似！

谷超豪将诗人的浪漫、自由驰骋的思想，与数学家的严谨、一丝不苟的逻辑，这两种气质和谐地熔铸于一身，体现了数学大师特有的做人、做事、做学问的思维方式，他的辉煌数学人生也因此而充满了诗情画意。

下面，我们循着谷超豪不同年代的诗作，来探寻这位数学大师诗性的数学人生。

读书明真理，宣誓向红星

往 事 自 述

（一）

稚年知国恨，挥笔欲请缨。
读书明真理，宣誓向红星。
隐身刀丛里，埋首纸堆深。
谁知胜利日，国事又惊心。

（二）

杭城柳色新，众志已成城。
学社名求是，文章抒激情。
喜逢故乡客，重作联络人。
黑夜见灯塔，奔走为黎明。

（三）

大海波涛涌，何复惜此身。
通衢双轮过，厂所单人行。
科技须保护，教育宜更新。
喜见天明朗，会师情谊深。

这首《往事自述》写于 1988 年，中共上海市教育卫生工作委员会和市委组织部“同意恢复谷超豪同志脱党期间（指重新入党前）的党籍，党龄从 1940 年 3 月起连续计算”的复议决定，令诗人激情澎湃，回忆往事而直抒胸臆。

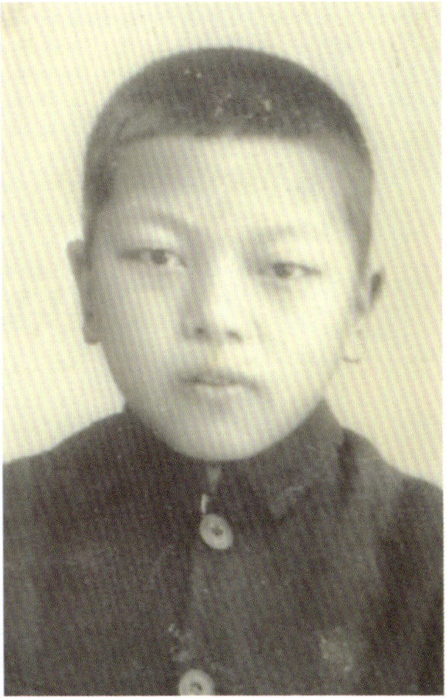
读初中时的谷超豪

1926 年 5 月 15 日，谷超豪生于浙江永嘉县城区（现温州市鹿城区）。1933 年春，谷超豪进瓯江小学接受启蒙教育，由于之前他曾在一所私塾里读过两年语文和算学，故直接插班到二年级下。瓯江小学是温州当地一所高水平的学校，少年谷超豪在这里养成了良好的学习习惯，接受了正确知识与正直为人的启蒙。

当时，正值日寇加紧对华侵略，整个学校的教学活动也充分体现了爱国救国的主题，尤其是在语文、常识等课程中，渗透着近百年中华民族被侵略、遭欺凌的内涵，使少年谷超豪“稚年知国恨，挥笔欲请缨”。多年以后，谷超豪依然能清晰地回忆：“我高年级的语文课是徐达之先生教的，他所选用的教本不是通常使用的教材，而是一本称为《给年少者》的文集，是由读书生活出版社出版的，内容大多取自进步作家的著作，呼吁团结抗日，呼吁人民奋起，对我们有很大的激励作用。书中还附有许多扣人心弦的图片，直观地显现中国人民抵抗侵略的英勇气概。”学校的周会活动，则鼓励学生自编自演各种富有教益的短剧，谷超豪努力参与其中。他们还经常合唱《五月的鲜花》《锄头歌》《开路先锋》等歌颂先烈、申诉劳苦的进步歌曲，这些都在谷超豪幼小的心灵中激发了向上的情操，播下了革命的种子，朦朦胧胧地知道该“怎样做人”的道理。

当然，瓯江小学也让少年谷超豪学到了“世界上没有什么神仙，刮风、下雨、打雷、闪电等都是自然现象”。尤其是在学校的礼堂里，一条孙中山先生的格言，谷超豪还记得清清楚楚——青少年要立志做大事，不要立志做大官。尽管日后事业的需求，推谷超豪当上“大官”，但少年谷超豪心中的大事就是“救国”和“科学发明”，即此生要做两件大事：一是要做科学家；二是要做革命家。现在看来，谷超豪的一生确实脚踏实地地实现了他年少时所立下的志向：热爱科学，以国家的需要为己任。真可谓“读书明真理，宣誓向红星”。

瓯江小学的教学活动也激发了少年谷超豪对数学的兴趣。还在三年级时，张竹钦老师将分数化为循环小数时，1/3 居然可以写成 0.333333…，使谷超豪大为惊讶，也令他思考得更深入。在后来做算术应用题“鸡兔同笼”“童子分桃”时，同伴们都觉得挺困难，而谷超豪除了能熟练运用算术解法外，还进一步尝试用代数方法来解了。从四年级开始，谷超豪还津津有味地阅读起历史小说，凡能弄到手的图书诸如《三国演义》《东周列国志》他都反复阅读。以后，家里请了一位老先生教“夜学”，又让谷超豪读了《千家诗》《诗经》等典籍，这也为他打下了较扎实的古典文学基础。出于对周围世界的新奇感和强烈的求知欲，谷超豪从小就对各类课外读物爱不释手，大量的阅读不仅使他增长了知识，也感悟出学科间的联系。

1938年，谷超豪转入温州中学初中部。开学不久，老师在课堂上发问：一个四边形，每边边长都是1，面积是否是1？谷超豪不假思索地答道“不一定是1”。道理很简单，把这个四边形压扁成直线了，面积就变0了。谷超豪的发散思维得到了老师的赞扬和鼓励，而老师的启发式教学，也令谷超豪学习的主动性更强了，对数、形等逻辑判断能力也更强了。

谷超豪还记得：初中一年级暑假，正当他看武侠小说入迷时，他的哥哥谷超英给了他三本书——艾思奇的《大众哲学》、伊林的《十万个为什么》和别莱利曼的《趣味数学》。整个暑假他将这三本书反复阅读，尽管尚有不少疑难，但还是初步了解了什么叫“唯物论”，什么是“辩证法”，懂得科学与日常生活是密切相关的，而且使他钻研数学的劲头更大了。

青年时代的谷超豪

朝着努力使学养丰厚、文理贯通目标进发的谷超豪，从青少年时代起就显示出较同龄孩子聪慧与懂事的特点，艰苦的抗战环境又让他意识到“国家兴亡，匹夫有责”。从初中开始，他就不由自主地投身抗战宣传，加入进步组织——

“九月读书会”，研读起毛泽东的《论持久战》，开始相信马克思主义，相信唯物辩证法，跟着老大哥一起搞革命活动，诸如在温州市区张贴标语，下乡宣传抗日……在初中三年级时，谷超豪就加入了中国共产党（那年他才 14 岁）。真可谓“隐身刀丛里，埋首纸堆深”。

1943 年，谷超豪从温州中学高中部毕业后，考入浙江大学龙泉分校，9 月份到龙泉进入数学系求学。那年，因温州中学中共党支部书记被捕，谷超豪失去了与党组织的联络，但他为党的事业奋斗的意志依然是不动摇的。除了学好数学专业外，谷超豪的精力很大一部分倾注于如火如荼的学生运动之中，诸如发起成立“求是学社”，邀请马寅初等民主人士来校演讲以揭露官僚资本对中国经济的危害，组织“六一三”反内战游行，发起组织“温州大专学校学生暑期联谊会”，将英国轮船赶出瓯江等。尤其是在 1946 年下半年浙大总校迁回杭州后，在总校和杭州分校两股进步力量的汇合中，谷超豪发挥了

谷超豪院士在家里辛勤耕耘（2006，方正怡　摄）

谷超豪与胡和生的结婚照（1957）

很大的作用。1948年，谷超豪重新履行了入党申请，并于3月得到批准。真可谓“喜逢故乡客，重作联络人。黑夜见灯塔，奔走为黎明。”1948年下半年，谷超豪在浙大发起组织了旨在吸引爱好科技的学生以从事学术交流和进步学生运动的“求是科学社”，当年的100多名社员中，不少人日后为新中国的建设作出了大贡献，其中胡海昌、潘家铮、杨福愉、沈允钢、沈家骢、韩祯祥等都当上了中国科学院或中国工程院的院士。

值得指出的还有1948年冬，当得知国民党国防部雷达研究所从南京迁到杭州后，谷超豪根据党组织的指令，成功地策动该研究所人员的起义，打破了国民党国防部妄图将雷达研究所进一步南迁台湾的梦想，使人民解放军顺利接管了该所的人员、装备和所有器材。“喜见天明朗，会师情谊深。”

人生几何学几何

昨辞匡庐今蓬莱，浪拍船舷夜不眠。
曲面全凸形难变，线素双曲群可迁。
晴空灿烂霞掩日，碧海苍茫水映天。
人生几何学几何，不学庄生殆无边。

这首写于1986年的《乘船去舟山讲学》，形似诗人对当时中学生中流行的“人生有几何，何必学几何”打油诗的新释，其实倒是对不懈努力的谷超豪数学人生的心境与写照。

要在数学中不断攀登高峰，必须对数学有持久的兴趣。从小学起，谷超豪已被数学的魅力所倾倒。到了中学时代，随着阅读能力的提高，课外阅读成了谷超豪的最爱。谷超豪还清晰地记得当年读刘熏宇的著作《数学的园地》令他着迷的情形：在听中学物理课时，谷超豪自以为对速度、加速度的概念已牢固掌握了，然而读了《数学的园地》后，他惊奇地发现，精确的速度概念要用微积分才能表达。为了能精确表达，必须跨入微积分领域。由此，他自学的兴趣越发浓厚了。在大学一二年级时，由于家乡沦陷，谷超豪被困在家里，他便找来了 Gousart 的 *Mathematical Analysis* 自学，反复阅读和演算的结果，让他深入地了解了数学分析法，掌握了射影几何的初步知识，也尝到了自学的甜头。

大学高年级时，谷超豪有幸得到了苏步青和陈建功先生的栽培。

莫斯科大学校长、数学家彼得洛夫斯基院士祝贺谷超豪获得科学博士学位（1959）

那时，谷超豪除了按课程进度学习外，还有机会参加苏步青和陈建功先生主持的讨论班。凡参加讨论班的成员都要攻读指定的论文并回答专家的提问。当年浙大有一个规定，一位学生不能同时参加几何讨论班（苏步青主持）与函数论讨论班（陈建功主持）。然而经过苏先生和陈先生的研究，由于谷超豪与张鸣镛两位同学在几何与分析两方面均有潜力，破格地允许他俩可同时参加这两个班。这对日后谷超豪能在这两个方向上均有建树作了铺垫。

在莫斯科大学博士论文答辩会上报告（1959）

念书之外，苏步青先生还鼓励谷超豪做研究。一次，苏先生在讨论班讲解三次空间曲线时，提到该曲线的某些性质还有待阐明。说者无意，听者有心，谷超豪课后经过钻研，果然把这些性质给证明出来了。苏先生除了欣喜，还加以鼓励。从此，谷超豪除了努力打好基

谷超豪院士与学生洪家兴（左）讨论问题

础外，就不断尝试做一些带有创造性的课题。

大学毕业后，谷超豪留校任教。先是被分配在图书馆，在谷超豪眼里这是一个求之不得的美差，就像老鼠掉进了米缸，有机会终日与书为伴。后来院系调整，谷超豪就随苏先生到了复旦大学，主要研究方向是微分几何。

1957 年，在苏步青和陈建功先生的推荐下，谷超豪与夏道行获得了去莫斯科大学进修两年的机会。在莫斯科大学，谷超豪不仅参加了由菲尼柯夫和拉舍夫斯基教授主持的两个微分几何讨论班，还参加了以莫斯科大学校长彼得洛夫斯基院士为首的偏微分方程讨论班。在去苏联之前，苏步青先生曾对谷超豪说，李－嘉当的许多工作都被后人充分发展了，但其无限变换群的理论还需要有人去进一步探索，不过难度挺大。在莫斯科大学，谷超豪的确找到了研究这项理论的良好条件，他能每隔两三周就对有关问题做一次汇报，用了一年时间就写成好几篇论文，后来将这些思想成果予以汇总，构成了谷超豪的博士学位论文——《李－嘉当变换拟群的通性及其对微分几何的应用》。1957 年 7 月，谷超豪顺利通过答辩，直接破例被授予物理－数学科学博士学位。

谷超豪、胡和生教授与学生在复旦数学楼前（1987）

学成回国后，谷超豪迎来了学术的丰收期，尤其是研究流体力学中的偏微分方程，取得了一系列国际领先的成果，也培育出像李大潜那样的杰出专家。眼见自己的学生能独当一面地不断深入开掘了，谷超豪又去开拓新的领域了，诸如研究当时学界一致认为有很大难度的混合型偏微分方程。以后，谷超豪又在多元混合型方程的边值问题中有意外发现，做出重要突破。

对于谷超豪的“转向”，学生洪家兴院士打过一个形象的比方：“他带着大家探索、开路，而且会在找到一条通往金矿之路后，就把金矿让给跟随他的年轻人去继续挖掘，自己则带着另一批年轻人去寻找另一座金矿。”旁人往往不能理解：这不是自找苦吃吗？谷超豪的回答却很简单：“因为我的科研时间有限，我在研究中发现吸引我的新领域，而学生们又能在原有领域独当一面、有独到见解时，我就鼓励他们做下去。”他还补充道：“要引导年轻人做最有前途的研究，用最好的内容和方法启发他们。”这种育人思路和风格，必然使谷超豪从教 60 年在先后培养的学生中，至今已有 9 位当选了中国科学院院士或中国工程院院士。春色满园，桃李遍地，正是谷超豪学问之道的硕果体现。

第一次与杨振宁（前排右二）合作进行规范场研究的复旦大学全体人员

正当谷超豪研究成果迭出之际，史无前例的“文化大革命”开始了。由于谷超豪的研究课题大多属于基础理论范畴，因而遭到了全面否定。然而，作为“笑傾骄阳不零落，护育精华无闲空”的数学家，谷超豪依然寻找机会不断实践赤子报国之愿。

1973年，上海的一些航天研究者到复旦大学，希望谷超豪跟他们合作，帮助做导弹发射的空气动力学问题。当时，复旦的科研体系遭到“四人帮”的严重破坏，经过多方努力，掌权的造反派才允许谷超豪组织起一个小组，研究“超音速弹头附近气流计算”。不过，造反派规定谷超豪只能“从旁协助”，不算正式成员。谷超豪可管不了那么多“规矩”，全身心投入其中。那时，复旦数学系只有一台每秒能算几万次的“719”计算机，而且该机没有自动保存功能，一旦停电或机器故障，数据会全部丢失，必须从头算起。为此，谷超豪只能半夜去机房，因为只有那个时段电源较稳定。常常一算四五个小时，还提心吊胆地怕出故障。诚如谷超豪说的“人道数无味，我道味无穷”，在那样的环境下，钟爱数学的谷超豪还做得那样有滋有味。工夫不负有心人，最终还是解决了难题。谷超豪欣喜地将力学知识与计算

谷超豪院士与年轻教师周子翔、丁青讨论数学问题（2001）

数学相融合，做出实际设计需要的数据，检验了一位数学家的学科通透和交叉贯通的能力。

接着，谷超豪又有机会与杨振宁一起做了规范场的研究，并取得了丰硕的成果。谷超豪清晰地回忆：“最早和杨振宁先生接触是1974年，那时他还继续做规范场的工作，他是规范场的创始人。这一理论被称为杨－米尔斯理论。杨先生是从物理观念出发做的规范场，后来接触到数学界人士，有人告诉他规范场跟微分几何有密切关系，于是杨先生就想知道具体是什么样的关系。他知道复旦大学的微分几何还是相对有实力的，所以提出要跟复旦大学的数学家们合作搞规范场的研究。”由于谷超豪是微分几何的学术带头人之一，合作项目自然由谷超豪负责。项目组由物理系和数学系的一些教师组成。他们先听杨振宁作报告，然后讨论。对杨振宁第一天提出的问题，当天谷超豪与胡和生就做出两项研究成果，这大大出乎杨振宁的意料：复旦居然有人懂他的东西，有人与他有共同语言。谷超豪的团队不光对数学有兴趣，对物理也有兴趣，双方的共同语言很快建立起来，研究也很快深入并取得实质性进展。不久，国际权威杂志 *Physical Review Letters*（1980）就请谷超豪写文章，并希望用中文做摘要。这让谷超豪喜出望外，毕竟在此之前国际杂志还从来没有用中文做摘要的先例。

行政与科研再忙也坚持给学生上课

正当合作研究取得新进展时，中国科学技术大学要聘请谷超豪去当校长了，这让他举棋不定。作为学者，谷超豪深怕行政工作与学术研究难以协调，但苏步青和杨振宁先生都支持他去，谷超豪三思之后也就从命上任了。“我认为学问绝不能停，一旦停下来要再恢复就很困难了。”因此，谷超豪尽管每天只能少做点，但绝不停顿，把凡是可利用的时间边角料统统利用起来，哪怕坐飞机、火车的碎片时间也都充分利用，诚可谓“数苑从来思不停，穿云驰车亦有成”。在肩挑科研、行政、教学三副重担的年头，谷超豪居然得出了有关孤立子理论的 Darboux 变换的系统结果，找到了一个普适性公式，对许多孤立子方程都适用。这不能不说是一个奇迹！

法兰西科学院的肖盖院士研究谷超豪的工作后，发现谷超豪的科研有四大具有个性的风格——独特、高雅、深入、多变。其实，大凡成功的科学家都会具备前三者，唯独“多变”倒是谷超豪学术风格的一大特色。他的学术重点曾多次发生重大转变：从早期随恩师苏

人生几何学几何的院士夫妇（方正怡　摄）

无锡春雪（1988）

步青院士专攻微分几何；留苏归国后转向偏微分方程，并在超音速绕流、混合型方程组等方面作出了世界领先的成绩；之后又一头扎进数学物理的前沿，与杨振宁先生就规范场理论的合作研究也作出了不少成果。微分几何、偏微分方程和数学物理是当今核心数学最活跃的三个分支，谷超豪却能先后涉足这三大领域，并且能在这三个方向及其交汇点上均获得国际认可的突破性成果。因此，谷超豪能荣获 2009 年国家最高科学技术奖，也是实至名归的必然。

“从年轻时起，我研究数学是由兴趣吸引的，把追求数学当做自己的兴趣。后来又知道数学对认识自然，改进生产力有很大作用，动力就更大了。做学问就像下棋，要有大眼界，只经营一小块地盘，容易失去大局。不在一个课题上做深入的研究，就可能流于空泛和肤浅。所以在做学问时，一方面要巩固基础，力求创新；另一方面则要有广博的知识。若两者皆备，就能够成功。我现在仍在朝这个目标努力，虽然我年纪大了，但是学问还是要继续搞下去，希望能在有生之年还能为数学研究作出自己的贡献。”

“人生几何学几何，不学庄生殆无边。”是啊，人生虽有限，但可以去探索无限的学问。

乐育英才是夙愿

和　苏　师

半纪随镫习所之，神州盛世正可为。
乐育英才是夙愿，奖掖后学有新辉。
校园朝朝印健履，京华季季换征衣。
世局动荡信念在，不羡群贤汇钧矶。

这是谷超豪写于1998年的《和苏师》。

1946年，苏步青先生完成台湾大学接管任务后回到浙江大学，谷超豪有幸聆听了仰慕已久的微分几何大师苏步青的演讲。但是，那次演讲并没有涉及数学，令谷超豪感到失望。好在从第二年暑期

中国科学院学部大会时谷超豪夫妇与路甬祥院长（左）等合影（2005）

开始，由学生自己读文章作报告的“数学研究”课程让谷超豪有机会直接求教苏步青先生，苏先生为谷超豪指定了 Eisenhart 的微分几何引论作为报告的主题；四年级时，谷超豪又修习了苏先生的综合几何课，从此将谷超豪引入了微分几何世界。

1948 年，谷超豪大学毕业，因学业优秀又具有独立的科研能力而获得苏步青的赏识，并让他留校做助教。由于临近解放，作为中共地下工作者，谷超豪的工作自然十分紧张。但他坚持听苏步青和陈建功先生的课，继续着他钟爱的数学研究。

杭州解放后，谷超豪奉命投入“中国科协杭州分会”及“科联浙江分会”的繁忙工作，但依然坚持不懈地去听苏先生为研究生讲授的“一般空间微分几何”课程。那时，苏步青与谷超豪既是师生关系，又是“科联”主席与秘书（兼党组书记）的关系，相互间特别融洽。1951 年 5 月 4 日《人民日报》发表了“革命青年要向科学进军”的社

胡和生、谷超豪祝贺老师苏步青教授 90 寿辰（1991）

论，触发了谷超豪回归浙江大学的愿望。是恩师苏步青帮谷超豪向相关部门做了工作，才使谷超豪顺利回归数研队伍。以后，又是苏先生和陈先生的努力，送谷超豪留苏深造……

苏步青曾说："人家都说'名师出高徒'，我看还是'高徒捧名师'。我自己并没有什么了不起的地方，倒是你们出名了，把我捧出了名。但是，我要说，有一点你们还没有超过我，那就是我培养了一代像你们这样出色的数学家，而你们还没有培养出超过自己的学生。"这种崇高的师道，诠释了一个深刻的哲理：教师的天职——培养超过自己的学生。因此，教育界有识之士把"能培养超过自己的学生"的教育现象称为"苏步青效应"。

复旦数学系的三代数学大师——苏步青、谷超豪夫妇与李大潜的"苏门三代"佳话就折射出了"苏步青效应"。他们之间虽有明确的传承关系，但更注重的是与时俱进的个人创新。在师道传承的坚实基

谷超豪与胡和生院士夫妇（2002，方正怡　摄）

础上，个人孕育的崭新发展更令学界关注。李大潜院士曾儒雅地表示：“我的两位恩师在学术上造诣精深，成就卓著，他们是确保‘复旦薪火，代代相传，生生不息’的本源，也是复旦数学系实力的印证。他们不仅一直鼓励和支持学生们创新和超越，而且还不断开拓自己的研究领域，一直是带着‘传承+发展’的眼光来做学问的。如果安于接受前人的衣钵，那么，‘君子之泽，五世而斩’，复旦数学的传统也不会绵延至今。”

作为中国微分几何学派创始人的苏步青院士，在国际数学界享有“东方第一几何学家”的美誉，在身处“文化大革命”的磨难岁月，还开创了计算几何的新学科。谷超豪与胡和生院士曾是苏先生创立微分几何学派的中坚力量，他们不仅研习了现代微分几何，还进一步转向了偏微分方程的研究，后来又在数学物理领域开创了学术上的辉煌。而李大潜则在偏微分方程方面得到谷超豪先生的严格训练，

四位院士在巴黎（左起：胡和生、谷超豪、苏步青、李大潜，1982）

并在拟线性双曲组的领域中接过了谷先生的接力棒，开始了自己的系统研究。后来，又在苏步青和谷超豪的鼓励与支持下，赴法国深造，在法国现代应用数学学派创始人里翁斯院士的指导下，走进了应用数学这一广阔的领域。而今他们又薪火相传地继续栽培着一代又一代的年轻俊才，"乐育英才是夙愿"就是他们的写照。

数学是一门在非常广泛的意义下研究自然和社会现象中的数量关系和空间形式的科学。要在数学的蔚蓝天空下自由翱翔，除了展开基础研究与应用研究的双翅外，还得展开科学与人文的双翅。

在数学的殿堂里遨游了数十载的谷超豪深深体会到：数学不仅是一种研究自然与社会的得心应手的工具、一种国际通用的语言、一门博大精深的科学，它更是一种文化。复旦三代数学大师——苏步青、谷超豪夫妇与李大潜都是对中外传统文化情有独钟的学者。

谷超豪、胡和生院士夫妇在共同研究与探讨

1982年，苏步青作了《同谷超豪、胡和生、李大潜游巴黎作》：

万里西来羁旅中，朝车暮宴亦称雄。
家家塔影残春雨，处处林岚初夏风。
杯酒真成千载遇，远游难得四人同。
无须秉烛二更候，塞纳河边夕阳红。

三代学人同时到法国巴黎访问，在富有诗意的塞纳河边，他们以诗佐酒，赋诗抒怀，成了数学界一段风流佳话。

10年后的1992年，谷超豪重游故地，思绪万千，又吟唱《巴黎

之夜》:

此行不觉独行苦,但忆惜行四人同。
艾菲金光壮夜色,塞纳银波逐晨钟。
灯船穿梭天桥下,飞车织网地道中。
不羡花都繁华地,多重孤子上高空。

作为学养丰厚的数学大师,谷超豪曾写了大量有哲理的诗篇。诸如 1987 年写的《致和生》:

数苑共游三十年,风雨同舟情更添。
不期老来更忙碌,问君何时可偷闲。

谷超豪、胡和生夫妇与学生洪家兴院士合影

表达了三十年风雨同舟的情感。相隔四年，在胡和生当选为中国科学院院士后，他又深情地写下了《贺和生》：

苦读寒窗夜，挑灯黎明前。
几何得真传，物理试新篇。
红妆不须理，秀色天然妍。
学苑有令名，共庆艳阳天。

笔者不由得想起钱学森院士在90多岁时，曾说过这样一段极富哲理的话："我现在年纪大了，别的问题都不考虑了，就考虑大问题，就是怎么培养创造性人才，就是艺术与科学相结合。"作为中国科学泰斗的"航天之父"，钱学森没有谈他钟情的"三论"、没有谈他一辈子投身的火箭事业，而是念念不忘怎样培养一流人才，创一流大学，并根据自身走过的科学道路和历史上大凡有所作为的人才成功的经

谷超豪院士夫妇与邓明、方鸿辉合影于复旦大学数学系办公室（2002）

历，情有独钟地阐述了：要培养时代需求的创造性人才，艺术和审美活动非常重要，毕竟这是能激发人才的想象力，能激发出大跨度综合思维能力的，而思维的拓宽恰恰是科学创新不可或缺的基底。这就是我们现在探讨得十分热火的“科学与艺术相结合”。谷超豪科学人生的辉煌不就是一个明证吗？

“半亩方塘一鉴开，天光云影共徘徊。问渠那得清如许，为有源头活水来。”这是谷先生最欣赏的南宋理学家朱熹的一首脍炙人口的名诗。这首诗道出了一种修养的胜境，正是不断学习、探索与审美活动给我们带来了“源头活水”，也是大数学家谷超豪诗性数学人生的“源头活水”。

谷超豪认为：“诗能用非常简洁的语言，来表达非常丰富的内容。”对于谷超豪创作的大量脍炙人口的诗篇，他只是淡淡地表示：“诗词有很多严格的规律，这个规律我也没有时间去学，我只是兴之所至，偶然想到几句话就写出来罢了。”融数学家与诗人于一体的谷先生就是这般谦虚与好学。

说着说着，谷先生随口就吟唱起来：

人言数无味，我道味无穷。
良师多启发，珍本富精蕴。
解题岂一法，寻思求百通。
幸得桑梓教，终生为动容。

林元培

我有一个梦。要圆梦，就得抓住每个稍纵即逝的机会。

林元培　桥梁设计专家。1936年2月8日生于上海，祖籍福建莆田，20世纪50年代中期进入上海市政工程设计研究院从事桥梁设计研究工作，1984年升任该研究院第二任总工程师。目前任上海市政工程设计研究总院资深总工程师。1989年被授予国家首批中国工程设计大师，还荣获1994年度茅以升桥梁大奖。2005年当选为中国工程院院士。长期从事桥梁工程理论研究和工程实践，主持设计特大型桥梁20余座，包括完成了黄浦江上的南浦大桥、杨浦大桥、徐浦大桥和卢浦大桥四座桥梁的设计。在斜拉桥设计理论、施工控制理论、节点构造设计及施工工艺诸方面均有突出贡献。主持设计的嘉陵江石门大桥获1991年国家科学技术进步奖一等奖；上海南浦大桥获1994年国家科学技术进步奖一等奖；上海杨浦大桥获詹天佑土木工程大奖；上海徐浦大桥获国家优秀设计金质奖；重庆李家沱长江大桥获1999年国家优秀设计金质奖；东海大桥获2007年国家科学技术进步奖一等奖；上海卢浦大桥2004年和2008年还分别荣获美国尤金（EUGENEC. FIGG, JR）奖和国际桥梁协会“杰出结构奖”。2007年获得何梁何利基金“科学与技术成就奖”。2015年1月，中国科学院紫金山天文台将该台发现的国际编号为210230号的小行星誉为“林元培星”，以表彰他在桥梁设计与建造中的不断创新。

魂牵浦江彩虹

——林元培的造桥思维与艺术

“我有一个梦”

自古以来，桥总是与梦相连。从神话中牛郎织女的“使鹊为桥”，到现实生活中形形色色的大桥，都跨越江河、湖泊、大海、高山，变天堑为通途，化梦想为现实。

20世纪50年代中期，林元培进入了上海市政工程设计研究院，作为一名技术员，跟随工程界前辈脚踏实地地学习桥梁设计与施工。前辈们常常在闲聊时，流露出没有机会造大桥的遗憾，就像进入和平年代的将军，有着无仗可打的失意与无奈，这在青年林元培的脑海中留下了深深的印象。久而久之，在黄浦江上造大桥也成了林元培梦寐以求的愿望。

林元培院士始终有造大桥的梦（2011，方鸿辉　摄）

黄浦江江面最狭窄处也有400多米宽，在黄浦江上架桥不能像南京长江大桥那样每隔160米设一个桥墩，毕竟黄浦江是繁忙的黄金水道，有重要的港口，

变天堑为通途、化梦想为现实的林元培院士（2011，方鸿辉　摄）

若建了桥墩，行船很容易撞在桥墩上而酿成事故，南京长江大桥的桥墩不知道曾被撞了多少次，结果总是以沉船告终。因此，要在黄浦江上建桥，必须是大跨度的桥梁，而国人以前从未留下造大跨度桥梁的实际经验，其技术难度可想而知。

“我有一个梦”是20世纪的名言。

机遇偏爱有准备的头脑，又时刻让林元培能清醒地超前“预先谋划”。多年的工程设计与实践，林元培体悟最深的是：做工程容不得丝毫马虎，“当一名工程师和当一名科学家是有区别的。科学家实验失败了还可以下一次再来，再改进，不断探索。工程师却没有下一次，工程出了问题，就是巨大的财产或生命的损失……”因此，工程师是不允许做不成的，要么干脆说不做了，若做就必须要成功。

古人云：预则立，不预则废。林元培理智地抓住每一个稍纵即逝的机会，在圆梦的征程上，紧紧抓住每一个宝贵的学习机会与实践机会，主动出击，积累经验。

思考是林元培院士的最大嗜好（2009，方鸿辉　摄）

林元培早年做桥梁理论研究工作，由于当时没有电子计算机，工程中的力学问题必须用近似方法求解，最后只能借助计算尺或手工计算，解决了一系列工程难题。多年持之以恒的研究奠定了深厚的理论基础，而学科的触类旁通又使林元培不仅基础理论更扎实了，还总是带着工程实践思考，悟出不少桥梁设计与施工的门道，在理论到实践之间做了完美的“接口”。

1963年，林元培就有过一次大胆的壮举——叩开同济大学桥梁学界泰斗——李国豪院士（当时称中国科学院学部委员）办公室之门，对李先生50年代创建的“斜交各向异性板弯曲理论”提出异议。李先生没有门户之见，也没有轻视眼前这位只有27岁初出茅庐的后辈，他在倾听和分析后，觉得眼前这位年轻的桥梁设计师很有见地，是一块可雕塑的“好料”。李国豪院士在鼓励并肯定林元培质疑的同时，还给予他许多具体的指导。这一切都给了林元培更大的自信。勤奋的钻研、不停的思考，在李国豪院士的理论发表十几年后，林元培提出了崭新的“斜交构造异性板弯曲理论”，经模型试验证明与理论推导完全吻合。李国豪院士得知这一信息，兴奋地给上海市政工程设计院写信，肯定了林元培的科研成果，还把这篇论文发表在由他主编的《上海力学》杂志上。1978年，李国豪院士在瑞士国际学术年会上把林元培的论文推荐给国际桥梁与结构工程学会。第二年，林元培在论文被会刊刊载的同时，还被邀请出席该会的学术年会。

林元培夫妇抱着孙子游外滩（1995）

要圆梦，还必须能带着问题去悉心实践。作为“有心人”的林元培很有策略地先从一些中、小型桥的设计与施工上专题地去提出问题，从解决这些专题问题中积累经验。

林元培曾不止一次地

把他的造桥策略向笔者介绍："我把凡是今后造大桥可能遇到的问题，都超前地提出来，作为大专题，然后分解到一个个中、小型的桥梁建设项目上去探索，去检验……"

林元培造大桥的梦在国庆30周年来临之前终于有望启动了。

上海松江有条叫泖港的河，要在河上造一座桥，河面宽200米。摆在设计师面前有好多桥梁的形式可供选择，泖港大桥能不能做斜拉桥呢？因为这是农村河流，河上的行船都很小，从经济角度考虑兴许没有必要造200米一跨的斜拉桥。但是，若能在200米的内河上建起一座斜拉桥，无疑对日后在黄浦江上造斜拉桥是一次实实在在的实战演练。这就好像参加奥林匹克比赛前的热身赛，教练光说而队员不战，真上了赛场，问题就会一大堆。当时市里也同意了造斜拉桥的想法，而且前面写明是"试验桥"。这个前置词宽容地表明这是一次探索，但工程师的素养使林元培心里明白，哪怕一丁点儿小毛病也不该发生。力求找出设计与施工中的一系列问题，是那时林元培全身心予以关注与思考的，期望积累经验以防今后在黄浦江上造大

林元培（右三）是工地上的"智多星"

桥时出差错。对泖港斜拉桥的设计理论是有认识的，但实际操作必须慎之又慎。好在当时已有了自己的电子计算机，只不过这台电子计算机挺笨重，占了好几间房间，运算速度虽不理想但还能凑合着用。林元培借助这台计算机还是解决了施工工艺与流程的诸多问题。如今回忆起来，林元培依然清晰得像昨天刚发生的事，“这些工艺与流程啊都是头脑里的东西，头脑里的东西能不能付诸实践就要在这个 200 米跨度上体现，这就像考试一样，检验你够格不够格，还缺些什么。泖港斜拉桥是在 1980 年完成的，花了近 3 年时间。这个项目的水平在乎你一跨能做多少。我们内环线高架虽绵延几十千米，但其技术含量并不高，毕竟跨度小，多做几孔就把它接成几十千米了。像南京长江大桥一孔 160 米，在当时国内也算是很大的跨度了。我们的泖港斜拉桥一下子就冲到 200 米跨度，桥虽然小，也没有长江大桥那么重要，但从跨度的技术水平来看，表明我们有能力超越自己。毕竟当时国外的大跨度水平也不过是 300 米。”林元培十分自得于第一次斜拉桥的成功实践。

林元培把造桥的课题带到家中

造桥有三个关键点：结构构造的可靠、施工工艺的可靠以及结构分析的可靠。只有满足了这三项要求，才能将设计付诸于实践。“泖港大桥是很好的案例，我们设计完了以后去施工，做完通车了，没有什么问题，说明我们建造斜拉桥的构造是正确的。我们团队首次研制出拉索的锚头及其防腐体系，有了拉索的锚头，我们建造的斜拉桥的拉索就可以更换，时间久了，把旧的拉索换掉，可保证大桥的使用期限。施工工艺倒是一个大难题。大桥施工时，下面不能使用支架，因为搭了支架会影响在建桥梁下面的船只通行。泖港大桥的施工中我们成功攻克了这一难点。最后一环是结构分析。当时计算机在国内刚刚起步，我们的计算机不仅体积大，而且输入数据很不方便，只能用纸带一点点地输入，不过这台落后的计算机对我们的设计还是有用武之地的。在工程人员的努力下，我们自主研发了一套桥梁结构控制与分析程序，理论计算与实测结果相差无几。跨径 200 米的上海泖港大桥在团队全体成员的努力下首次获得成功，成为中国真正意义上的大跨径斜拉桥，为南浦大桥的建造打下了坚实的基础。”

1984 年，林元培被提升为上海市政工程设计研究院总工程师，怎样从战略高度推进技术、攻克难点以早日圆梦的愿望也更强烈了。“机遇由不得你，但是你的准备工作要做好呀！我明白必须要有更多的斜拉桥实践，毕竟斜拉桥具备大跨度的优势，而其他的桥型，像苏州河上已经建成的这些桥型，都到不了这个跨度。因此，那段时间凡能够做斜拉桥的，我都尽量做斜拉桥。”

这时，机遇又来敲林元培的门了。上海开始建新的火车客站，要在恒丰路上建一座小小的桥，林元培下意识地要造斜拉桥。考虑能让自行车爬上桥，桥面就不能做得太厚。由于这座桥是建在铁路京沪线上，火车要在桥下通过，而上海是软土地基，承重后往往会沉降，沉降过大，火车会撞在桥梁上，所以处理好地基才能使这座斜拉桥长期岿然不动。看来，这次的主题是解决地基的沉降问题。为处理好地基，林元培就提出打 80 米深的钢管桩。“从理论上说，这个 80 米的钢管桩应该能打下很坚固的基础，不过得让实践来检验我们的设计思想是否合理。日后一旦有机会造黄浦江大桥时，桥总是由基础和上面的构造联合起来的，如果桥下的基础现在取得了经验，那么将来我就能腾出精力设计上面的桥了。”多么有“心机”呵！

当然，上海火车新客站的恒丰路斜拉桥还是对泖港大桥的拉索锚头和防腐体系作了改进的。30 多年的运行表明：该桥不仅至今没有超越规定的沉降率，而且拉索的防腐体系也完好无损，还圆满地解决了自行车的通行问题。以后，林元培造南浦大桥、杨浦大桥，也都用钢管桩来对付上海的软土地基，因此不必再花过多时间去研究地基问题了。

地基问题解决了，造桥的难度还要向前推进。接下来的一个机遇就是在广州造珠江上的海印大桥。这座斜拉桥跨度虽然小（还没有超过泖港斜拉桥），但桥的宽度要达 35 米，跟日后的黄浦江大桥相

上海火车新客站的恒丰路斜拉桥

当，所以对这座桥的桥面等发生的一系列困难，林元培团队也都很有策略地圆满处理了。海印大桥顺利完成后，林元培又接到在重庆嘉陵江边建石门大桥的项目。这次机遇非常好，是建单索面独塔斜拉桥，其单悬臂长 230 米。林元培马上智慧地推算：若做双塔，对称布置就是 460 米，刚好是黄浦江江面狭窄处的宽度。面对这样可遇而不可求的机会，林元培当然格外用心。桥面合龙那天，他从上海飞抵重庆，刚刚到达位于山上的重庆大学招待所，来不及放下行李，听说大桥已经合龙的喜讯，就急忙奔到走廊上，往大桥方向极目远眺，由于过度兴奋，只觉眼前一黑，什么都看不见了，但他的两只手却情不自禁地握着栏杆，越抓越紧……事后有人问林元培为何如此激动，他反问“怎能不激动？石门大桥的合龙，意味着我们在黄浦江上造斜拉桥的技术准备更充分了。”1989 年，重庆嘉陵江边石门大桥顺利竣工，1991 年这个项目还获得了国家科技进步奖一等奖。嘉陵江上的石门大桥，以及陆陆续续所造的不少大桥，都为日后水到渠成地建造黄浦江大桥作了铺垫。这时，林元培对造黄浦江大桥已胜券在握了。

珠江上雄伟的海印大桥

单臂 230 米的重庆石门大桥

浦江天堑变通途

1989 年，中央批准开发上海浦东。要开发浦东就要过江，要过江不是建隧道就是造大桥。上海市政府决定先建南浦大桥，要求一年半完成设计，1989 年开工，三年内一定要建成通车。当年，我国要自行设计并建造跨度在 400 米以上的黄浦江越江大桥，难度实在不小。当时，加拿大已经建成了跨度 465 米的安娜西斯斜拉桥，而南浦大桥的造桥贷款来自于亚洲开发银行，日本是亚洲开发银行的大股东，因此，日本和加拿大都表示愿意派人参与设计。而李国豪、项海帆等桥梁专家认为，中国人完全有能力在黄浦江上造桥，最后领导拍板黄浦江大桥设计由中国人自己承担。

黄浦江上架桥，林元培团队已苦苦等待了整整 20 年，他们理直气壮地接下了重任。设计方案通过并开始打地基不久，林元培接到康平路一个电话，要他马上过去，原来是朱镕基市长找他：老林啊，你到底有没有把握办这件事，这是性命攸关的。我国开发浦东，要是做了半天，闹出什么事故来，这怎么了得？……当时林元培对造南浦大桥的回答是有80%的把握。实际上，林元培心里有数，基本上没问题，但作为工程师，话是不能讲“满”的。因为南浦大桥是要建成一座叠合式的斜拉桥，而林元培在嘉陵江造过的是混凝土斜拉桥。不管什么结构，毕竟是座大跨度的斜拉桥，总体上说有80%把握，当然还有20%的风险。

叠合式423米跨度的南浦斜拉桥就像加拿大的安娜西斯大桥，其实那座桥还是有缺陷的。但是，由于国内信息不畅通，开始并不知道，直到南浦大桥开工之前派人前往加拿大考察学习，才发现桥面上有裂缝，当然车子还是可以走的。假如这个问题留在南浦大桥上，不仅团队的设计牌子都让它砸掉，还会影响桥梁寿命。“哎哟，真把我急死了，因为我们这个设计图纸有很多方面都是参考安娜西斯大桥做的。当时真是急得不知所措，我们的工程师朝思暮想做这个项目，若桥面有裂缝，怎么交待？我赶到加拿大仔细考察并实地拍照，回国后认真地研究这座桥有裂缝的原因。因为它是一块混凝土板，下面是钢梁，钢梁跟混凝土之间是有销钉的，上面有裂缝后，雨水、雪水渗进去会把销钉都腐蚀掉，本来可以用100年的，结果十几年就不好用了，其严重后果不堪设想。这个工程是我负责的，要改就得我改，不改的话，将来出毛病我得承

重任在肩　运筹帷幄

担责任。”林元培找出了安娜西斯桥桥面裂缝的四个原因，相应地在施工及结构上采取了四种可靠的措施。当时的首要问题是马上修改图纸，前方工地还在施工，天天需要图纸，耽搁一天就是几十万元的开支。林元培带着有 100 多名工程师的建桥团队夜以继日地修正方案，争分夺秒地修改了 1000 多张图纸。但改了以后，问题能不能规避呢？林元培就在计算机上模拟，计算结果显示，按照加拿大的方案设计果然会有裂缝。

1991 年，南浦大桥终于建成，造价 8.2 亿元人民币，桥梁主跨 423 米，属当年中国跨度最大的斜拉桥。1993 年获国家科学技术进步奖一等奖。最让林元培骄傲的是，如今南浦大桥已经投入使用 20 多年了，并没有出现过一道结构性裂缝。实践证明所建成的南浦大桥是可靠的。南浦大桥顺利通车后，林元培的信心更足了。

南浦大桥还没有完工，林元培已开始筹划建杨浦大桥了。杨浦大桥一跨就有 600 米，而林元培团队建桥的跨度本事只有 400 多米，

南浦大桥雄伟的身影

这个 400 多米也是花了 10 年时间在嘉陵江、珠江、黄浦江上拼搏才得到的，现在跨度又要拓展 200 米，究竟有没有把握？当时有两种方案：一种是把“南浦方案”搬过去，一跨 400 多米，面对 600 多米的江面，不得已要将一个墩子放到江里，但在江里建造要比在陆地上施工时间长，工作面打不开，而且造价贵。另一种方案是将两个墩子都放到岸上，造价较低，时间也快，但跨度达 600 多米是创世界纪录的，意味着要承担较大的风险。足足两个星期令林元培寝食不

林元培院士与团队成员共商设计方案（2010，方鸿辉　摄）

600 米跨度的杨浦大桥的雄姿

安，他梳理思路，分析数据，改进设计，以科学的态度和对人民负责的精神，用 120% 的努力去克服这 20% 的风险，带领团队齐心协力，果然如期顺利建成了 600 米跨度的杨浦大桥。林元培所创新的杨浦大桥桥塔拉索锚固区构造、箱型钢梁设计和大跨径斜拉桥整体稳定理论，也开创了世界造桥史上的先河。

1994 年，改革开放的总设计师邓小平登上杨浦大桥时曾感慨："喜看今日路，胜读万年书！"

"杨浦大桥建完以后，就开始筹划徐浦大桥了。徐浦大桥的跨度没有杨浦大桥那么大，仅 590 米，比杨浦还少了 12 米，那个时候应该说是很有把握办这件事了，我把它交给年轻人，造就梯队么！就这样短短几年，我们完成了黄浦江上三座大跨度斜拉桥的建造任务。"

如今，三座斜拉桥如同六把巨大的竖琴楚楚动人地矗立在金色

创新的东风拨动着大桥的琴弦

的黄浦江上，阳光令竖琴熠熠生辉，春风拨动着根根琴弦，为改革热土的浦东奏响一曲曲时代的交响乐。

国内桥梁界盛行以规模和尺度的超越来体现自身技术的创新，似乎只要跨度最大、数量最多、尺度最长就是“天下第一”，就是“桥梁之最”。林元培团队尽管客观上创造了当时不少国内乃至国际桥梁史上的第一，但林元培清醒地意识到：桥梁尺度上的突破并不代表建成了最难的桥梁。桥梁建设应以技术突破来论英雄。因为建桥是要运用技术的，有时凭借落后的技术也能建成破纪录的大桥。只有遇到了真正的挑战，而且通过克服困难提出了新的方法，创造了相应的先进设备，并获得了成功，或者发现了旧工艺和设备的缺陷，有了重大的改进，才是真正的技术创新。

林元培院士自豪地陪同外国专家行走在杨浦大桥上

黄浦江上的第四座大桥是卢浦大桥。考虑到浦江上已经建了三座斜拉桥，能不能从城市景观考虑，建一座更有特色而又美观的大桥呢？“南浦大桥的顺利通车，使造价低、工程进度快的斜拉桥被广泛认可。之后的短短几年，另两座斜拉桥——杨浦大桥、徐浦大桥又陆续在黄浦江上崛起。然而，当卢浦大桥的设计对外招投标时，我却唱起了‘反调’：既然现在经济条件好了，为什么不选择造型更美观的拱形桥呢？”

于是，林元培提出了建拱型桥的方案：6 车道，日交通量 8 万

林元培在卢浦大桥建设工地上

辆。其风格跟斜拉桥完全不一样，前者如彩虹般飘逸，后者却像竖琴般端庄。很欣慰，这个造价仅比斜拉桥高10%的方案中标了。

当时世界上有两座500米左右的拱桥可以参考：一是1930年建成的澳大利亚503米的悉尼海湾桥；二是1977年建成的美国518米新河谷桥。但这两座拱桥都是桁架拱，该技术起源于20世纪30年代，其结构特点是构件繁多，造型复杂。这主要是受制于当时施工起重能力小（只有几十吨），构件要在工厂轧制，断面较小，故承重能力亦小。现在已进入21世纪，技术水平今非昔比：悬臂施工起吊能力至少可达300吨；20世纪

跨径达550米的卢浦大桥主拱合龙前

50 年代以前桥梁构件不允许焊接，目前这种约束已取消，可以制造足够大的构件，一根构件可抵得上从前的几十根，结构可大大简化。

因此，中标以后，林元培没有采用悉尼海湾桥那样的桁架式结构。考虑到上海是软土地基，无法抵抗巨大的水平推力，必须在两边跨处设置两个半拱，在桥面上设置钢束平衡推力（类同于斜拉索构造）；拱的断面采用箱形构造，这在南浦大桥、杨浦大桥、徐浦大桥上已实践过，是移植了一项成熟的结构技术。在施工工艺上采用已有数十年制造经验的钢结构制造。在安装方面则采用斜拉桥的安装技术，用斜拉桥起吊工艺，达到 300 吨以上起吊能力。在结构分析上推导出新的 14×14 的单元刚度矩阵，计算结果表明其稳定安全系数为 2.3。也就是说，林元培大胆采用焊接工艺连接桥体，用大构件合龙技术，将斜拉桥、拱桥、悬索桥等不同的桥梁施工的最优工艺融入跨径长达 550 米的卢浦主桥建筑中。经过团队的不懈努力，果然如期顺利建成了造型优美、犹如长虹卧波的卢浦大桥，成了当今世界第一钢结构拱桥，也是世界上跨度最大的拱形桥。2003 年卢浦大桥顺利建成。

如今，百米高的拱桥横跨黄浦江，充满诗情画意。天上的彩虹虽

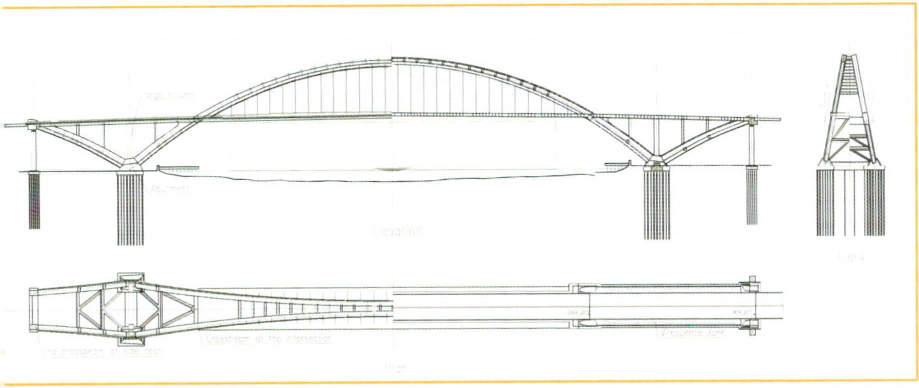

主拱 550 米、拱高 100 米的卢浦大桥结构

犹如卧虹的卢浦大桥

美，地上的拱桥更艳。天上的彩虹转瞬即逝，地上的卢浦却能跨越时空，见证勤劳人们恒久的创造力。2004年和2008年卢浦大桥分别荣获美国尤金奖（EUGENE C. FIGG, JR）和国际桥梁协会“杰出结构奖”。

2010年的世博会选址在南浦大桥与卢浦大桥间的广阔地带。东有巨大的竖琴——南浦大桥，西有高悬的彩虹——卢浦大桥，江水金光闪闪，隔岸景观相映。大桥提升了上海的艺术品位，也构筑起各国人民友谊的纽带。

卢浦大桥获美国尤金奖（2004）

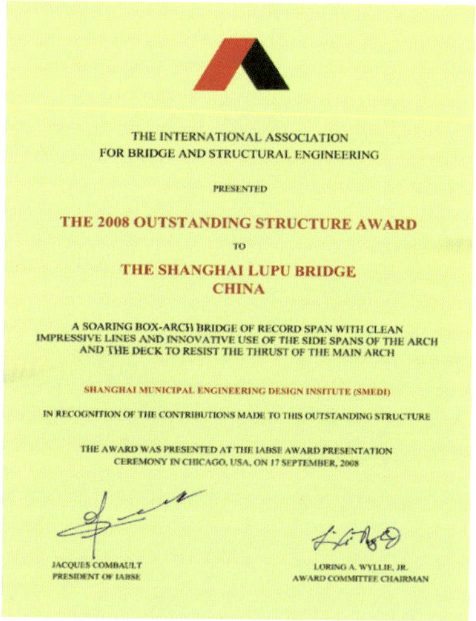

卢浦大桥获国际桥梁协会“杰出结构奖”（2008）

“卢浦、南浦两座大桥，跨越浦西浦东，连接起世博园的美丽。每次走进园区，抬头望去，我都感到十分欣慰。设计这两座桥时，我并没有想到如今会跟世博园遥相呼应，现在想起来也是一种缘分。”

以后，林元培团队马不停蹄地又投入跨外海的东海大桥的建设，从南汇直达洋山深水港，全长32千米。其主要困难是外海风狂浪高，一年365天中只有180天可以施工，但工期又很紧，必须与港区建设同步完成。因此，林元培团队采用了“下部构造施工工艺决定设计，上部构造大尺度大起重量大规模预制拼装”的设计思路，于2005年按时建成了我国第一座跨外海的东海大桥。

海峡两岸变通途

为筹划上海世博会公众参与馆的“相约名人堂——与院士一起看世博”活动，笔者又一次来到位于中山北二路上海市政工程设计院林元培“大师工作室”。在林元培办公室周围的墙上挂着他所设计的桥梁代表作的照片：1991年建成的南浦大桥和1994年建成的杨浦大桥，夜色下它们好像两把巨大的竖琴；2004年建成的卢浦大桥则宛若一道美丽的彩虹；而2005年建成的全长32.5公里的东海大桥蜿蜒曲折，像一条伏在海面上的巨龙……

国际桥梁与结构协会主席致颁奖辞（2008）

林元培大师虽年过七旬，依然精神矍铄，思维活跃，语言幽默。他指着墙上的照片，如数家珍般介绍黄浦江上那一座座宝贝桥梁。从 52 岁设计南浦大桥，到 69 岁设计东海大桥，林元培在 17 年的时间里设计了总造价 200 多亿元的桥，几乎每座桥都创造了我国桥梁建造史上的奇迹。他却反复强调："这并不表明我的水平比前辈们高，只是我的机遇比他们好。前辈们相继退休了，我接班后恰好赶上浦东开发开放的好年头。这些架在江上的桥梁叱咤风云，日复一日见证着上海创新发展的好势头。如今每天平均有近十万辆车从这些桥上驶过，实践表明，它们的质量是可靠的，这一点我聊以自慰。"

林元培还告诉笔者："几年前，走在南浦大桥上的时候，我曾经对孙子这样说：等你长大了，爷爷已经过世了，但这座桥不会过世，这座桥还有 300 年桥龄，你孙子的孙子也照样看得到。就像一座纪念碑一样，我不在了，但我造的桥依然在，这就是我最高兴的事。"

人老了，总不免感叹；人老了，也总不免怀旧与思乡。

林元培祖籍福建莆田，隔着海峡向东眺望便是祖国的宝岛台湾。"乡愁是一湾浅浅的海峡，我在这头，大陆在那头。"

林元培院士如数家珍般介绍黄浦江上一座座桥梁（2010，方鸿辉　摄）

东海大桥上激情澎湃的林元培院士（2006，方正怡　摄）

余光中的这首诗，两岸同胞都很熟悉，也很有同感。让海峡变通途，已成为两岸人们共同的梦想。其实，林元培多年前已为此实地踏勘，运筹帷幄了。因此，当笔者请教林大师有没有可能造跨台湾海峡的大桥时，他马上接过了话题："关于台湾海峡通道已经开了好几次会了。连通祖国宝岛台湾的途径无非两种——造桥或者建隧道，这都

林元培院士偕妻子、儿子登上东海大桥（2007，方正怡　摄）

林元培院士携孙子参加工地的义务劳动

需要两岸工程师的共同合作。而在工程真正启动前，多做技术准备才是关键。”

若采用造桥方案的话，林元培认为大致有三条线路：一是北线，即平潭至新竹；二是中线，即莆田至台中；三是南线，即厦门至高雄。林元培说：“北线跨海线路约 100 公里，水深大概五六十米，不会超过 80 米，属浅海，为跨海峡桥梁工程实施提供了可能。”据一些资料初步显示，北线区域埋藏的花岗岩、页岩等岩层较为完整，地震发生的可能性较小。而中线、南线的基本勘察资料目前很少，对其工程实施的可行性尚难进行判断。因此，他较深入研究的跨海峡方案是平潭至新竹的北线大桥。

“海峡两岸之间通道将来肯定不止一条，我提出的 10 车道 100 公里长的平潭至新竹的北线大桥方案，基本上 2 小时即可到达彼岸，是一条比较便捷的两岸通道。这项工作在实施时虽有困难，但技术上是可行的。”林元培认为，桥梁构造在水深 40 米以下，可采用梁桥、钢构、拱桥、斜拉桥等形式，而水深 40 米以上则可采用悬索桥，其跨度不超过 3500 米。前几种类型的

林元培院士与本文作者之一方正怡在东海大桥上留影（2007，方鸿辉 摄）

桥梁国内已有成熟经验，后者的悬索桥则有意大利3300米跨度的墨西拿海峡大桥经验可参考。

“让海峡变通途”是林元培院士的又一个梦想（2011，方鸿辉　摄）

应该说，建一座跨越台湾海峡大桥的技术已经没有很大难度了，但大桥建成后，怎么抗地震、台风、大雾等自然灾害，倒是设计中必须关注的大问题。

林元培认为，对于地震，近年来已有实施直径5至6米桩的技术与设备，为大型深水基础形式提供了更多选择。当受地震冲击力时，大直径桩比小直径桩有更强的耐受力，但大直径桩仍是易受破坏的部位，如何保护基桩不受破坏，仍是一个值得研究的重要问题。至于抵御台风与大雾，林元培提出一种很大胆的创新思考——过桥车辆在浓雾、强风等恶劣气候条件下，都能安全畅通的全天候通道方案——将车道从敞开桥面移至箱梁内，这样就可以不受浓雾、强风的影响，让车辆安全平稳地过桥以抵达彼岸。通俗一点来说，也就是让过海车辆在一个长达100千米的“箱体”内运行。当然，这个“箱体”可不是简单的箱子，除了有可以正

林元培在美国匹兹堡国际桥梁会议上作演讲（2004）

常行车的路，箱体内还必须配备如信号灯、标志线、通讯、车辆运行监控等设施。如果箱内突发堵车、消防等事故，有先进的报警、救援及抗灾系统与应急措施。在箱体环境方面，还必须有排气通风、照明供电、防水与给排水等各种系统。

另外，在大海上经历海风冲刷，悬索桥钢缆难免会腐蚀，如何防腐及换索也是一件棘手的事情。林元培认为，按他设计出来的海峡大桥可能多达 30 孔左右，海上钢索的防腐十分重要。“总不能因为有一孔悬索锈蚀把全部 30 孔左右的钢索都换掉吧！”必须像斜拉桥那样，哪根拉索坏了就换那一根。因此，还必须革新现有悬索桥构造，使之达到可换索的目的。

“不久的将来，可全天候、低能耗通往海峡的另一端，这样便捷的海上通道不是梦！”林元培很有信心。

32 千米蜿蜒曲折的东海大桥（航拍资料）

让林元培的家乡与宝岛台湾的天堑变通途，我们深信这个梦想也一定能成真。

为表彰何梁何利基金杰出获奖科学家献身科学事业的崇高理想和重大贡献，在全社会弘扬科学精神，鼓舞科学技术工作者努力攀登科学技术高峰。何梁何利基金评选委员会和南京紫金山天文台协商，后者同意以拥有命名权的小行星，为获得何梁何利基金最高奖项——“科学与技术成就奖”的科学家命名。为此决定将一颗由中国科学院紫金山天文台于 2007 年 9 月 11 日发现的国际编号为 210230 号的小行星命名为“林元培星”，并于 2014 年 7 月向国际小行星委员会提出首批申请。2015 年 1 月 5 日获国际小行星命名委员会批准。自此，浩瀚银河中再添了一颗被冠以中国科学家姓名的小行星——“林元培星”。曾领衔主持南浦大桥、杨浦大桥、徐浦大桥、卢浦大桥、东海大桥等重大项目的上海市政总院资深总工程师林元培获此殊荣。

证书

谨以我台发现的国际编号为二一〇二三〇号的小行星誉名为“林元培星”，刊布于世，永载史册。

中国科学院紫金山天文台
二〇一五年一月

CERTIFICATE

We solemnly announce that the asteroid discovered by this Observatory and numbered 210230 Internationally, be named in honour Of Linyuanpei. It is hereby Made known to the world and which Will go down in history forever.

Purple Mountain Observatory
Chinese Academy of Sciences

中国科学院紫金山天文台誉名“林元培星”的证书

人的创新思想和能力的培养必须从青少年时期开始，而团队协作精神也是不可或缺的重要素养。

范滇元

范滇元　激光物理学家。1939年2月18日生于云南昆明，祖籍江苏常熟。1962年毕业于北京大学电子学系，1966年研究生毕业于中国科学院。现任中国科学院上海光学精密机械研究所研究员、技术委员会主任。兼任国家“863计划”第八领域专家委员会顾问、中国光学学会激光专业委员会顾问，总装备部科技委兼职委员。1995年被选为中国工程院院士。连续从事高功率激光装置的研制及运行40多年。作为主要技术负责人之一，先后研制“大型单路”“星光Ⅰ”“神光Ⅰ”“神光Ⅱ”“神光Ⅲ”等大型钕玻璃激光系列装置，成功应用于激光聚变、X射线激光、高压状态方程等前沿科学研究，产生一批国际先进水平成果。在高功率激光的基础理论、关键技术、总体系统设计、工程研制等方面，取得一系列重要成果。曾获得陈嘉庚技术科学奖、光华工程科技奖、中国科学院科学技术进步奖特等奖、国家科学技术进步奖一等奖、二等奖和上海市科学技术进步奖一等奖，以及国家有突出贡献中青年专家、全国优秀科技工作者等荣誉称号。发表论文、报告250多篇，培养硕士及博士研究生50多名。

在地球上造小太阳的人

——范滇元寻找“神光”的足迹

这是一道绚丽的神光——在十亿分之一秒的瞬间，所发射光的瞬时功率不亚于全世界电网发电功率的总和；这是一道眩目的神光——目前，只有美国、法国、日本等少数国家能发出这样的光华……

这是2002年5月15日，《解放日报》头版头条采访文章——《为了“神光”的凝聚》的起首句。

追寻“神光”的范滇元，既不是奔月的嫦娥，也不是敦煌壁画中飞天的神仙，而是一位脚踏实地、为人类寻找新能源而孜孜以求的激光物理学家。

范滇元院士在神光实验室（2011，方鸿辉　摄）

精于阅读，勤于思考的范滇元院士（2011，方鸿辉　摄）

小闹钟开始的原子梦

1939年2月18日，范滇元生于云南昆明，作为长子，父母为他取名“滇元”。其实，范滇元的祖籍是江苏常熟，难怪现在他的话音中还带有很重的常熟口音。那年头正值抗日战争，范滇元的父母从上海来到当时的“大后方”。跟随父母相继辗转重庆、成都、桂林、长沙、贵州……一路颠沛流离的困苦深深地烙在他稚嫩的心灵上，尤其是在贵州独山的那段令人难忘的日子，至今还常在他脑际浮现：从前线开回来的破坦克在窗外隆隆驶过；童年时患了痢疾，贫病交加，痛苦万分；出生不久的弟弟取名为“望平”（希望和平），却差一点送人……这一幕幕，催人泪下，不堪回首。

在“解放区的天是明朗的天”的欢歌声中，范滇元开始了少年生活。不再像读小学那样，不得不转五六所学校，他整个中学时代都是在江南水乡的一座小城——江苏常熟度过的。生活虽然清苦，学校也没有十分优越的条件，却是范滇元一生中最难以忘怀的岁月。尤其是读到杜甫“国破山河在，城春草木深”的诗句，唤起对童年时国难的回忆，感慨万千，下决心好好学习，长大后献身科学，为国争光。至今，他依然忘不了语文老师声泪俱下地讲解《纪念刘和珍君》时的情景；忘不了陆游的“死去原知万事

范滇元在莫斯科大学前留影（1983）

空，但悲不见九州同”的《示儿》绝唱；更忘不了魏巍的《谁是最可爱的人》那悲壮的颂歌……正是这些人文素养的熏陶和时代风云的洗礼，深深地激起了少年范滇元洗刷国耻后扬眉吐气的共鸣，激发他热爱生活，珍惜时光，努力学好本领，以报效祖国的情怀。

1956年，范滇元中学毕业那一年，全社会正提倡“向科学进军”。在选择大学志愿时，他毫不犹豫地选择了物理学。范滇元对物理学的兴趣缘于刚读初中时发生的一件事：他家有一只小闹钟每天提醒他起床，有一天突然不走了，他摇晃了几下，走了起来，但一会儿又停了，而且怎么摇也不动了。少年范滇元又怕又急，到了晚上大着胆子把它拆开，一看还挺复杂的，捅了几下，还是不走。他更急了，又不敢告诉母亲，这可是家里的一件贵重物品啊！范滇元把小闹钟按原样装好，第二天晚上、第三天晚上……继续打开钻研，基本看清了它的结构，但还是不能使它转动起来。星期天便跑到新华书店，欣喜地找到一本有关钟表原理的书，终于弄清发条的力是通过推动摆轮

范滇元院士陪同88岁的父亲登黄山始信峰（2002）

再传到齿轮上的。问题可能出在摆轮上！回家仔细地检查，终于查出是摆轮的轴略微脱出轴承斜卡在轴承的侧边所致，把它重新装正后小闹钟又嘀嗒嘀嗒地响起来了。成功的喜悦强烈地激起了范滇元对物理学的兴趣，物理课的成绩也越来越好了。

尤其令范滇元感动的是，实际上他母亲早就发现他在摆弄小闹钟，但并没有责怪甚至阻止他，而且一直没有当面和他提起这件事。只是有一次她和亲戚谈话时说：让孩子去研究研究吧，爱迪生小时候也把家里的钟拆来拆去，后来成了发明家。天下父母都有同样的望子成龙之心，范滇元的母亲就是用这种开明、宽容的方式把他引向科学研究之路的。这对当前急功近利的家庭教育是否有启示呢？

范滇元的父亲则用另外的方式开导孩子。他给范滇元买了不少科普读物，其中令范滇元最爱不释手的是一本从俄文翻译过来的科普小册子《原子能电站》。范滇元从头到尾仔细地阅读了几遍，原子物理学那奇妙的微观世界深深地吸引了他。原子核的能量不仅能造原子弹，而且能用来发电，更是打动了少年范滇元的心，萌发了他为人类寻找新能源的冲动。他决心要学好原子物理，并在高考时大着胆子第一志愿报考北京大学物理系。使他义无反顾地做这一抉择的另一个关键因素是居里夫人的事迹。当时学校每年纪念一位世界文化名人，1956 年纪念的是居里夫人。范滇元如饥似渴地阅读介绍居里夫人的文章，不仅由衷钦佩她发现放射性镭的坚韧不拔的科学精神，而且也被她淡泊名利的高尚情操所感染：居里夫人放弃专利，把发明贡献给全人类；她把诺贝尔奖章挂在女儿的脖子上；她向中学老师深深地鞠躬，把荣誉的鲜花转送给老师……当他们班被评为先进集体后，作为班长的范滇元就建议用“居里”来命名，并且把“居里班”三个字刻印在毕业纪念册上。范滇元一直珍藏着这本纪念册，它同那本《原子能电站》的小册子一起伴随他走上了科研之路。

“回首自己青少年时期所走过的路，所受到的爱国主义教育，至今铭记在心。我觉得对当今每一位中学生来说，首先要学习和培育的是为国家繁荣富强而奋斗的精神，然后才是学会好的知识。知识学习，在中学阶段、大学阶段和研究生阶段，有不同的要求，在中学阶段基本上还是老师教你学，人家把已经消化的嚼得很细的东西给你，但是再往下走，必须培养自己的独立学习能力，不能一直指望老师把知识原原本本教给你，要有能力自己去消化学得的知识，这样才能真正成长起来。我想对年轻人讲，你们非常重要的任务是学习，但是你们要会学习，就是要主动培养独立学习知识的本领，学会思考和质疑，还要培养创新的思想和能力。我国学生普遍具有的特点同时也是缺点——那就是听话、迷信权威、缺乏独立思考的能力，更没有质疑的胆量。没有质疑，哪来创新？独立思考与敢于创新的能力就是我们的教学中最缺乏的。但是，人的创新思想和能力培养必须从青少年时期

范滇元院士宣布“2010中国光学重要成果”入选名单（2011）

开始，否则踏上社会就很难适应了。当然，对青少年来说还要有团队精神，不具备这种精神，学生的素养也是不全面的。集体主义和团队协作精神要引起学校充分重视，并能非常生动地予以引导。”

在地球上造小太阳

1916年，爱因斯坦创立了广义相对论，并揭示了一个极重要的自然法则——质能关系，即 $E=mc^2$。其中 m 为质量的变化量（Δm），c 为光速（即每秒30万千米），故 c^2 就成了一个数量级大得惊人的量！这个关系式表明：在一定条件下，质量可以转化成能量。而原子核物理的研究又告诉人们，核聚变生成物的质量小于其参与聚变前物质的量，这种质量的变化量 Δm（质量亏损）会转变成能量释放出来。我们知道，由1个质子和1个中子组成的原子核叫做氘核，由这

读到好书时的喜悦（2011，方鸿辉　摄）

种原子核构成的原子就是氘原子，即重氢。如果原子核包含1个质子和2个中子，就叫氚核，即氚元素的原子核。氘和氚都是氢的同位素，而氦原子核在正常情况下含有2个质子和2个中子。它有时只含1个中子，这种元素叫氦3。拿氘核和氚核举例，它们若能聚合成较重的氦原子时，就会产生一个阿尔法粒子并放射出一个高能中子，还释放出17.6兆电子伏特的能量。尽管一对原子核聚合后所释放的能量有限，但亿万对核聚合时所释放的能量就大得令人难以置信了。人类最熟悉不过的核聚变就发生在太阳内部。从太阳释放出的巨大能量就是由核聚变产生的，地球上所有生物体都时时刻刻受到这种核聚变的恩惠。没有核聚变，人类和周边的一切生命体都不复存在。多少年来，物理学家一直试图在地球上实现类似的核聚变，期望制造出这样的聚变反应堆来产生能量。如果这个努力能实现，地球上供人类生存的能源就一劳永逸了。因为核聚变的最基本原料氘和氚都可以在地球上获得，海水中就含有约0.015%的重水，其中就含有氘，而氚可以方便地通过锂和中子的反应生产出来，再说地球上锂的储量很大。不妨作一个估算：1千克氘可产生3.5×10^{14}焦耳的能量。而每立方米水中约含有30克氘，而地球上总水量约为1.386×10^{18}立方米，即氘的总储量可高达4.158×10^{16}千克。假如能使这些水中的氘都用于聚变，那么所蕴含的聚变能约为1.46×10^{31}焦耳。据联合国权威部门统计，目前全世界每年的能量消耗约为1.22×10^{21}焦耳。那么，地球上的氘所蕴含的能量足以供人类享用100多亿年，这个年份数比地球现有的寿命还长。再说，核聚变还有一个最大的优点，那就是它不会产生很多放射性核废料。

多么诱人的核聚变能呀！但是，自2011年3月11日在日本东北地区发生9级大地震，从而造成福岛核电站的严重核泄漏至今难以收拾的局面，人们普遍“谈核色变”。

其实，福岛核电站采用的却是核裂变装置，其原理是：当来自外部的中子撞击铀 235 核后，重核裂变成较轻的原子核，会产生新的中子和热能，而飞散出来的中子又会与邻近的铀 235 核以及裂变后的新核撞击，形成链式反应。这些不断发生的重核裂变会产生巨大的热能，靠这种热能使水沸腾形成蒸汽来推动涡轮机工作，以驱动发电机发电。问题是重核裂变反应堆采用的核燃料铀 235 裂变后会生成许许多多不稳定的且带极强放射性的物质，它们在进入稳定状态（约 20 万年）前，还会射出 β 射线等衰变产物，形成长期的核污染。再说，这些重核裂变反应堆一旦运营不善或遭遇灾变等发生泄漏，其放射性物质会弥散到空间、水体、土壤或沾染在衣物、食品上，若进入人体会对健康造成极大的威胁，这确实是不容忽视的对人类生存有极大危害的大问题。说得概括一点：任何裂变核电站的安全设计都要能经受住突发事故和自然灾害的袭击；仅仅考虑核电站设计的 40 年安全运行期间，而忽略 20 万年核废料处置的安全，也是对子孙后

航拍切尔诺贝利核事故后昔日的繁华之地已变成鬼城

代的极不负责。目前世界各国在运营的核电站基本上都是重核裂变反应堆，无论是切尔诺贝利还是福岛的核泄漏都已对人类生存的环境造成了很大的伤害。譬如 1986 年 4 月 26 日凌晨切尔诺贝利核电厂的爆炸，就造成 12.5 万人死亡，350 万人患病。近 40 万人不得不离开家园，约 16 万平方千米——相当于我国山东省那么大的地方，已经不适合人类居住了。这次事故的代价高达 3580 亿美元，是当时苏联生产的全部核电的总价值的许多倍。[①] 理解更透彻一点，裂变核电站就像一把高悬于人类头上的达摩克利斯之剑。就拿核电大国美国来说，现有 104 座核反应堆，一座 100 万千瓦的核电站一年约产生 30 吨高能核废料，40 年运营下来就是 1200 吨，若这些核废料处置不当导致泄露，其剂量足可以毒死 1200 亿人，可以让全人类死 20 遍！也许有人会说，只要对报废的核反应堆用钢筋水泥厚厚地“封死”，就万无一失了。然而最高质量的混凝土一般寿命也仅为 100 年，那么百年后曾被“封死”的核废料都将毫无遮拦地裸露出来。就只能一次次重复再封，相对于 20 万年污染期，至少也得反复“封死” 2000 次！眼下，对高能核废料的处置有三个去处：丢到海里，送到太空，或深埋地下。从实践和法规来看都行不通。

日本福岛核泄露事故危害迄今仍没有结束，核污水每天仍在排入海洋，事故的处理简直是一场没有终点的马拉松！有鉴于此，德国（核能发电占 31%）、瑞典（核能发电占 39%）计划在今后二三十年里逐步取消核（裂变）能发电；法国也削减了核能发展计划的一半。不过，若能合理解决好核电站的选址、安全运营与核废料的处置诸方面问题，眼下聚变核电能还是可以造福人的。

---

① 泰勒·米勒:《在环境中生存》, 汤姆逊学习出版社, 2004 年第 13 版, 第 338 页。

相比核裂变，核聚变几乎没有因放射性核废料污染而带来的环境问题，聚变反应物是干净的。但是，要实现轻核的聚变，必须使两个裸露的原子核直接碰撞。由于原子核均是荷正电的，欲让它们能接近并发生核反应就必须克服相互间巨大的静电排斥力。计算表明，每个燃料核至少要有 15 千电子伏的动能，方能克服这种静电斥力。与此动能相当的温度高达 1 亿摄氏度，从而这些燃料核都是以高温等离子体状态存在。所谓等离子体，是指一种离子和电子从原子中分离而各自呈现自由状态，但宏观上是电中性的物质状态。这也是自然界存在的与固态、液态和气态并列的第四种物质态。问题是这种等离子态在高温下会迅速膨胀发散而阻断聚变反应。如何把高温高压等离子体约束住，就是人为的核聚变远远难于核裂变实现的关键点。若能突破这个关键点，那么，核聚变的梦想就能实现。在自然界，太阳是靠巨大质量产生的引力，把热核燃烧的火球“约束”住（称之为“重力约束聚变”）；在地球上，聚变成功的例证就是氢弹

中国的全超导托卡马克核聚变实验装置

核物理学家王淦昌院士

的爆炸，但氢弹毕竟是破坏性的。如果能在可控条件下有序地释放聚变的能量，那就可以造福人类，提供几乎取之不尽的能源了。

为此，各国一流科学家都在为寻找理想的可控核聚变能量而日以继夜地努力着。他们先后提出了磁约束核聚变（托卡马克）和惯性约束核聚变等技术路线。当下，磁约束核聚变采用一个轮胎状的环形真空室，在环周围箍上能产生很强环向磁场的线圈，使等离子体能在高密度（10^{14} 离子 / 厘米 ^{3}）、高温度（1.5 亿摄氏度）状态下被约束在“磁笼”里有足够长（150 秒）的时间，以获得持续进行聚变反应的机会。

而惯性约束核聚变是采用高能粒子束来轰击由聚变燃料制成的靶丸，把它们在 10^{-19} 秒内压缩到足够紧密（10^{23} 离子 / 厘米 ^{3}）和高温，以发生聚变反应。然而不懈努力所带来的依然是成功与失败的交织、漫长征途的无奈。

20 世纪 60 年代初，激光技术的出现，给核聚变研究带来了新的动力和成功的曙光。各国科学家都尝试利用激光的“特异功能”，开创以高功率激光实现惯性约束聚变的崭新技术路线，可谓“山重水复疑无路，柳暗花明又一村”。

1964 年，我国著名核物理学家王淦昌院士独立地提出了利用激光实现惯性约束核聚变的思想，并具体建议了技术方案。所谓激光惯性约束核聚变，其原理是把氘和氚的混合体燃料装入毫米级直径的薄壳小球状靶丸内，当从外面快速射入高功率激光束时，靶丸表面物质因吸收大能量而向外喷射，形成的反冲压力（约为航天飞机推力的100倍）会将靶丸向心压缩，压力能达到1亿个大气压，靶心燃料被压缩到20倍铅密度，并在1亿摄氏度高温下点火而发生热核爆炸，并迅速扩展到整个燃料，从而释放出核能，这种能量的释放量远大于输入的能量。如果每秒钟能发生很多次这样的热核爆炸并且连续不断地进行下去，所释放出的能量可相当于百万千瓦级的发电站。位于美国加州利弗莫尔国家实验室的美国国家点火装置（NIF）已在2012年实现把2.03兆焦耳的能量通过192路激光束聚焦到一个直径仅2.22毫米的氘氚靶丸上，轰击后产生接近核爆炸时的温度和压力，实现了百倍能量增益的点火。

由此可见，大功率激光器是实现惯性约束核聚变的关键设备和技术。

按照这一技术思路，1965年中国科学院上海光学精密机械研究所（简称上海光机所）在邓锡铭副所长的领导下，立项研制并应用作为聚变驱动器的高功率激光装置，为建立聚变核能电站迈出了基础

美国国家点火装置（NIF）靶室

性的关键一步。

钱学森院士曾形象地指出："你们的事业是在地球上造一个小太阳！"因为太阳的巨大能量来源于"聚变反应"，即两个氢核在高温高压下聚合成一个氦核并放出中子，其伴随而生的太阳能恩泽宇宙万物。而"人造小太阳"是要在地球上实现类似的聚变反应，旨在为人类带来新的清洁能源。

范滇元是幸运的。1962 年北大物理系毕业后，他考入中国科学院电子学研究所研究生，学微波理论，以后又随导师到中国科学院上海光机所从事激光理论研究。1966 年毕业后，留上海光机所，并于 1971 年参加激光引发核聚变的研究项目。可以说，范滇元踏准了节拍，生逢其时地历经了高功率激光装置从初创、开拓到快速持续发展的各个阶段，并作出了巨大的贡献。真是皇天不负有心人，相隔十几年后，范滇元终于圆了少年时代的原子梦，成为"在地球上造小太阳"科研大军中的一员。

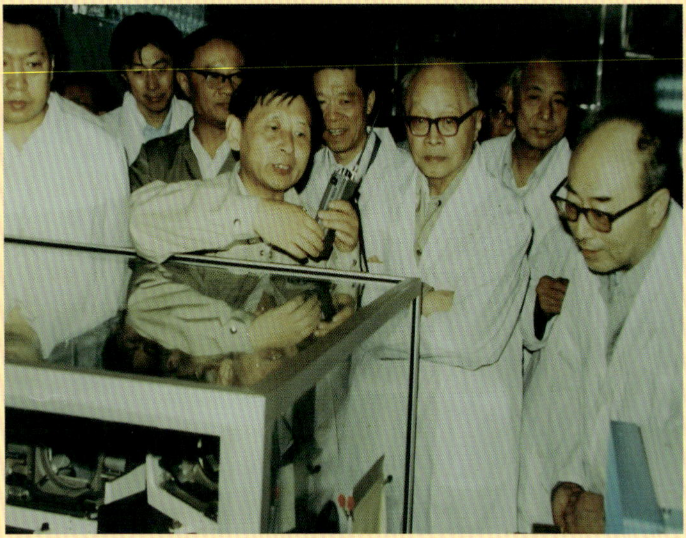

范滇元（左四）在神光实验室向王淦昌院士（右三）等介绍实验情况（1986）

20世纪70年代初，范滇元才30出头，就有幸在余文炎研究员的带领下研制成功万兆瓦级（10^{10}瓦）激光器，连续几个月不分昼夜地进行打靶实验。1973年4月，实现了用高功率激光辐照低温含氘靶材，首次获得中子发射，这是我国激光聚变史上零的突破，也从而跻身于国际先进行列。

1978年在王淦昌先生的推动下，中国科学院和中国工程物理研究院联合起来发展激光聚变研究，提出建造输出功率为太瓦量级（10^{12}瓦）激光装置的目标。当时称为“激光12号实验装置”，即“神光Ⅰ”，它是我国当时规模最大也是国际上为数不多的大型激光工程，对我国开展激光聚变前沿物理研究具有重要的里程碑意义。范滇元作为主持此项工程的总体技术组常务成员、激光器系统负责人、总调试现场指挥和装置运行负责人，与数百名科研人员一起，在王淦昌、王大珩院士的指导和实验室主任邓锡铭院士的具体领导下，成功地实现了预定的目标。

由范滇元负责激光装置总体设计的“神光Ⅰ”，吸取了当时国内外成功的经验和失败的教训，建立了强激光传输放大的理论模型，在国内激光聚变驱动器研制上第一次实现了计算机数值模拟设计；在关键技术攻关上，突破了包括棒状和片状放大器系列，电光、磁光和光电导开关，像传递和空间滤波、面形公差自补偿和光束像散补偿等技术难题。

“神光Ⅰ”装置连续运行8年，进行惯性约束聚变、X射线激光和极高压下状态方程等大量实验研究，产生一大批国际先进水平的应用成果，是我国激光技术发展上的一项重大成就，标志着我国已成为具有高功率激光综合研制能力的少数几个国家之一。“神光Ⅰ”项目1988年获首届陈嘉庚奖，1989年获中国科学院科学技术进步奖特等奖，1990年获国家科学技术进步奖一等奖。

范滇元陪同总装科技委朱光亚主任参观实验室（1996）

在“神光Ⅰ”成功的基础上，20世纪90年代初，范滇元提出了“神光装置升级”——“神光Ⅱ”研制的倡议。作为项目负责人之一并兼总工程师的范滇元，从立项论证、总体方案设计到工程技术方案论证和工程组织实施，十年艰辛，马不停蹄，终于成功实现了8路激光的技术要求，实现120万亿瓦/36飞秒的峰值功率输出，全面达到并部分超过了原定设计指标，荣获了2003年上海市科学技术进步奖一等奖和2005年国家科学技术进步奖二等奖。

在“神光”系列研制过程中，范滇元在相关基础理论和新技术开拓上取得多项创新性成果，独立、合作和指导研究生发表论文和报告200多篇。其中，高功率多程放大理论及其技术（三通道双程放大器和组合式双程放大器），为大型激光系统的主放大器奠定了技术发展基础；空间域和时间域的光线矩阵理论，把几何光学的传输矩阵和物理光学的衍射积分结合于一体，形成了一种方便有力的理论工具，取得了用其他方法难以解决的若干结果，被国内外学术刊物和著作诸如 *Progress in Optics*、《矩阵光学》《激光光学》等多次引用或译载。

21世纪初，范滇元又不由自主地投入激光驱动器发展战略创新研究——研制“神光Ⅲ”巨型激光装置，这是我国光学和激光发展史上最大的科学工程。范滇元先后被聘任为863-惯性约束聚变主题总体技术专题专家组组长、“神光Ⅲ”项目总体技术专家组总工程师。在指导工程物理院的青年骨干完成“神光Ⅲ”装置概念设计和“原型

范滇元陪同徐匡迪参观“神光”实验室（1993）

装置”工程建造的同时，进一步针对激光聚变走向“点火”的中长期发展目标，开展了激光驱动器发展战略和总体技术路线的创新研究。实现聚变点火，对任何国家来说都是艰巨的科学任务，考虑到我国有限的财力和相对薄弱的工业基础，这更是严峻的挑战。范滇元带领一线工作的中青年专家团队，以中长期需求为牵引，提出了新一代聚变驱动器的发展战略和创新路线，以激光能量与功率的获取、以时空域光束品质的控制为基本思路，探索研究宽频带激光的产生、放大、传输和时空频特性全域控制的总体技术，相应地发展出一系列创新性技术和功能器件，诸如以超短激光脉冲为光源，通过超大模场单模光纤放大器和混合泵浦高能参量放大器预放大，以及紧凑型高通量多程主放大，高效率地获取高功率（高能量）激光；实施“全域主动控制”以保障强激光束在时间、空间、位相、光谱和偏振等特性的高质量，等等，从而较大幅度提高聚变激光系统总体性能价格比，为发展具有中国特色赶超国际先进水平的高功率激光驱动器作出了应有的贡献。

在科学道路上捷报频传的同时，范滇元又是“痛苦”的。诚如王选院士在《中国科学报》上发表的访谈录中说的：“当你立志献身科学的时候，你就不能过普通人的生活。”范滇元对这句话是深有同感的。王选的话，精辟地概括了由范滇元领衔的“在地球上造小太阳”的科学家生活的清苦，工作的艰辛，付出后的自豪以及继续奉献的决心。自 1971 年至今的 40 年，范滇元确实无法过“普通人的生活”。

每天十几个小时的工作，晚上 12 点以后才能睡觉，不能常回家，甚至连续一个月也回不了家，这些都是“在地球上造小太阳”的人的生活常态。哪怕在 1988 年晋升为研究员，1995 年被选为中国工程院院士后，范滇元依然过不上“普通人的生活”。更不用说在承担起国家“863 计划”第八领域专家委员会委员、“神光Ⅲ”项目总体技术专家组总工程师、上海市政协常委等一系列重任后，他的工作节奏更快，责任更重大，更无法享受“普通人的生活”了。如今年逾七旬的范滇元依然如同一台不需要上发条的“小闹钟”，自觉地快节奏地工作着。

创新的艰难与恩泽

激光是 20 世纪最重要的创新成果之一，激光核聚变是激光最有创新性的激动人心的应用之一。作为这一领域的领军人物，范滇元不仅领受着创新的恩泽，同时也领教了创新的艰难。

作为创新的基础之一，就是要认真读书，特别是要阅读经典著作和论文。正如邓锡铭院士所说：“看戏要看梅兰芳，读书要读玻恩狄拉克。”这与学马列要读原著有异曲同工之妙。20 世纪 60 年代，范滇元还在中国科学院电子所读微波专业的研究生时，就仔细地阅读了电磁场理论相关名著及论文，获益匪浅，在学习期间不仅写出了创新的学术论文，发表在《中国科学》上，也为以后从事激光传输相关研究夯实了理论基础。转到上海光机所后，为了补充光学基础的不足，他又研读了《光学原理》《傅里叶光学导论》等光学名著，也写出了多篇学术论文，其中《用光线矩阵元表达的菲涅耳数和传递函数》等，被多次引用，并被编入不少教材中。

其实，光有理论知识是不够的，创新还需要深入第一线从积累的实践经验中获得灵感。在一定条件下，实践更有决定意义。创新的推动力、创新的灵感往往来自于实践，成功则源于坚忍不拔的实干。实际上，创新也不都是美好的，更不会都以成功告终。实践表明绝大多数创新思路都会以失败告终，即便是最后成功的，也都历经种种磨难和曲折的结果。

作为激光的先行者和开拓者的美国科学家汤斯，从事这一研究多年，一直都没有结果。不少权威包括诺贝尔奖获得者都说他是在浪费钱，应停止研究，甚至在他做出氨分子微波激射器后，这样的声音还不绝于耳。然而汤斯坚持实践，终于取得了成功。直到晚年，这位曾荣膺诺贝尔物理学奖的激光科学泰斗依然在天文台参加第一线工作。尽管范滇元他们没有获得像汤斯这样杰出和耀眼的成就，但是在科学研究上要有所进步，也同样需要执著的努力和脚踏实地的不懈奋斗。

1974年，为了更充分地提取放大介质（钕玻璃）中的储能，提高总体效率，在余文炎的倡议和指导下，由范滇元具体负责，构思了一台新型的多程激光放大器。经过许多个日日夜夜的设计、计算和反复实验，终于成功地使激光束往返六次通过同一放大器，获得了高倍

“神光”两字由张爱萍所题（2011，方鸿辉　摄）

增益，激光系统总输出能量提高了一个数量级，激光打靶实验的中子产额也提高了一个数量级。这种多程放大型激光器现已成为国际上新建聚变激光系统的流行配置。20 世纪 80 年代，在研制太瓦功率（输出功率达 10^{12} 瓦）的“神光 I”装置中，他们遇到了既要求有高功率的激光，又要求有高质量的光束的难题。在邓锡铭的指导下，范滇元从理论上和实验上证明了：为了达到总体上的高质量，除了国外采用的严格要求每个光学元件的每个表面都达到高标准外，还存在着另一条更适合我国的技术途径——对每个表面可以放宽要求，允许平度公差大一些，利用公差的正、负使不同表面的平度公差相互抵消，在总体上达到高标准。光学加工的技术人员根据他们的要求，摸索出主动控制平面公差正负的工艺，使这一新设想得以成功实现。在此基础上，他们又在成都光电所姜文汉研究员等的指导与合作下，进一步提出采用自适应光学新技术来补偿大型激光系统中光束位相的像差。在国际上首次将自适应光学技术引入高功率激光系统，针对系统特点作了精心设计，成功地实现了系统静态像差的补偿，以具

范滇元院士在中国科学院上海光机所的园子里（2011，方鸿辉　摄）

有中国特色的方式，达到了高光束质量的要求。目前，自适应光学技术已被国际上新建聚变激光装置普遍采用。

交叉和合作是创新的源泉之一。在我国激光聚变发展历史上有一件值得回味的事。1964年，王淦昌独立提出激光聚变研究的创新思想。1965年在邓锡铭的主持下，上海光机所立项开展这一新领域的研究。经过8年努力，终于在1973年4月实现了我国“零的突破”——用高功率激光辐照含氘靶材，首次获得中子发射。他们在欢欣的同时，又犯了难：记录到的中子信号都不干净，总是在一个“大信号”波形的背景上叠加了几个“小毛刺”。到底“大信号”是中子信号，“小毛刺”是干扰信号，还是相反？有质疑却找不到答案。王淦昌得知后，指派中子专家王世绩研究员从四川到上海来帮助他们分析与鉴别。王世绩察看了实验现场和有关资料后认为，“大信号”才是干扰信号，而“小毛刺”倒具有中子信号的特点。在这一思想的指导下，经过反复判断和实验，最后确认“小毛刺”才是真正的中子信号，同时找到了产生“大信号”的干扰来源。如果不是与其他学科专家的联合，他们有可能在错误的导向下摸索，会走很多弯路。这使范滇元深深感到“学问”确实要立足于学，又要不断提问，没有质疑哪来创新？而创新又需要学科的交叉与协作。

1978年，在王淦昌的带领下，中国科学院和中国工程物理院联合起来进行激光聚变研究，有力地推进了研究工作的发展。学科交叉、合作交流不断地碰撞出创新的火花，取得了一批具有国际先进水平的成果。

人间正道是沧桑

大型激光装置“神光Ⅱ”是“神光Ⅰ”的升级装置，规模扩大4

倍，光束路数增至 8 路，能够输出 351 纳米的紫外激光，并立体地照射氘氚靶丸。

研制成功“神光Ⅱ”大型激光装置，是走向寻找新能源成功目标万里征途上的一座里程碑。作为“神光Ⅱ”的总工程师，范滇元回首往事，不胜感慨：挫折与顺利，失败与成功，沉重与欢乐……酸甜苦辣俱全。真可谓人间正道是沧桑。

到 1997 年，按原订合同，已近“神光Ⅱ”正式交付使用期限，几千万元的研究经费已将用尽，但“神光Ⅱ”还没有达标。用户天天跟在屁股后面催：啥时好用？全体研制人员心急火燎。

屋漏偏逢连夜雨。关键时刻，我国激光聚变项目的倡始人王淦昌院士病倒，共同为“神光Ⅱ”拼搏的项目负责人邓锡铭院士患癌症住院。91 岁的王淦昌，每逢有人去探望，就会仔细打听“神光Ⅱ”的进展，并不止一次说：“我们不比外国人笨，人家能做出来，我们为什么不能？‘神光Ⅱ’一定要成功。”邓锡铭则念念不忘“神光Ⅱ”和我国激光聚变事业今后的发展，不停地思考着。一日清晨，他忍着

范滇元院士在实验室指导工作（2011，方鸿辉　摄）

化疗的极度不适，奋笔三小时，一口气写下几大张纸，全是对“神光Ⅱ”研制和今后工作的建议。可以说，王淦昌和邓锡铭对“神光Ⅱ”牵挂到离世。

研制人员加班加点是寻常事，“我们核心团队从‘神光Ⅰ’开始，不算全国几十个单位来合作研制的协作人员，光是主体的核心队员也有100多位，当然现在还不止。在‘863’框架下参加这项工作的有上千人，这是一个很大的团队在共同努力。在做‘神光Ⅰ’的时候，我们一大批人常常是连续几天几乎每天都做到凌晨一两点钟。所以在我们这个领域有了这样连续工作的传统，包括现在的年轻人在做‘神光Ⅲ’原型的，也一直有这个连续工作的传统。”那时，范滇元更是无法常回家，住在嘉定光机所的宿舍。上小学的女儿只能寄托在妹妹家，妻子祝秀凤长期患病独居在家，夫妇俩只能靠每日中午电话传讯。1998年5月的一天，是周四，下午范滇元要到市区出席政协会议。周三晚上，他与妻子通电话：“明天下午开完会回家。”周四上午，实验又出故障，中午上车前，按惯例他又往家里挂电话，想告诉妻子，会后不回家了，实验室离不开。家中电话铃响无人接。下午开完会已是4点多，返嘉定途中再打电话，还是无人接。“也许她去散步了？”到了嘉定，晚上7点多，再打，还是无人接。范滇元的心悬了起来：“出事了？”

范滇元心急慌忙迅速赶回家，只见妻子已倒在床下，用手轻抚其面颊，她微微睁眼，轻轻说：“叫救护车。”想不到这竟是妻子留给范滇元的最后一句话，随后她就陷入深度昏迷。10天后，她就去世了，才50岁。医生诊断，范滇元妻子是突发脑溢血。“我回家前，她至少已在地上坚持了八九个小时，她听到我电话铃响却无法接啊！……”范滇元痛苦地不能继续讲下去。我们完全能体会鲜花与掌声背后的科学家的汗水与泪水了。

回首 20 世纪 80 年代，在邓锡铭的领导下，开始研制大规模的 10^{12} 瓦激光装置，由范滇元自己负责总体设计，他确实已记不清有多少个夜晚是在计算机房度过的，也从来就没有周末或节假日的概念。在装置总调试阶段，作为现场指挥，范滇元不分昼夜连续工作在第一线，3 个多月没法回家。苍天不负苦心人，艰苦拼搏终于结出硕果，装置达到了预定指标，宣告胜利建成。王大珩院士在会上动情地说："人生能有几回搏，你们真是搏了又搏啊！"

装置建成后连续运行 8 年，在激光核聚变、X 射线激光等前沿物理领域做出了一批国际一流水平的研究成果，获得了一系列高等级的奖励。然而有谁知道有多少人为此付出了多大的代价？谈到此处，范滇元动情地说："直接参加研制工作的人员有 300 多人，10 多个协作单位，从立项到获奖，前后历经 10 年。许多人作出了无私奉献而没有索取回报。1989 年初，在获得首届陈嘉庚奖后不久，余文炎同志不幸去世。他没有来得及看到我们获得中国科学院特等奖和国家一等奖，更没有赶上院士评选。以他的学识和贡献，当在我之上，然而

范滇元院士侃侃而谈科研的艰辛与曲折（2004，方鸿辉　摄）

他去了，没有得到他应得的荣誉。1991 年，在一轮重要的物理实验刚刚做完后的第一天早上，装置运行负责人陈万年同志突然倒下，心脏停止了跳动。前一天晚上他还到实验室收拾整理，做结束工作的准备。我当运行组长 4 年多以后，把担子放心地交给了他。他忠厚、踏实，对工作尽心负责，干得很出色，不求任何索取，没有要求回报，最终倒在工作岗位上。不长的时间内，痛失良师益友，我为余文炎写悼词，我为陈万年致悼词，有一句共同的话，那就是要像他们一样，把他们所钟爱的、为之献身的激光聚变事业坚持下去、发扬光大。”

范滇元还告诉笔者，2007 年我国公布了《国家中长期科学和技术发展规划纲要》，这个纲要是国家组织了上千位科学家花两年时间对今后 20 年我国科学技术发展方向认真梳理研究后提出的，规划纲要中还归纳提炼出了科学技术发展重大专项，而科学家们最初建议提出的有一两百项。“最后定了 16 项，代表了我们国家最重要的发展方向，而且具有带动性，激光核聚变就是其中的一项。一旦这个事我们做成了，能够实际应用，那全世界的能源不能说是用之不竭，但几乎是取之不

范滇元院士的风采（2011，方鸿辉　摄）

尽。也就是说，在千万年内，人类就不必再愁能源，这件事非常重大，不光对我们中国，对全世界、全人类的发展都是至关重要的。”

10多年前，范滇元曾跟笔者说：“如果我不是院士，或者我爱人没有病，你们还找不找我采访？我明白，这就很难说了。但是，我还是我，我还是同样一个人。所以我真诚希望少做一点锦上添花的文章，多做一些雪中送炭的实事，特别是对普通的中青年知识分子。从我们过来人的切身经历知道，从青年到中年都会遇到一个很困难的阶段：上有老下有小，待遇不高条件又差，而生活和工作的双重负担重重地压在身上。他们处于事业上最有贡献的时期，最需要关心、最需要理解和支持……”

范滇元的话语重心长，他期望媒体多呼吁：对青年人才尤其要关爱，要从政策上予以倾斜，使他们的生活与工作条件有一定的改善，让他们少有后顾之忧而能更好地发挥才干。毕竟这都是范滇元亲身经历过的坎坷，品尝过的艰辛，也是一名老科技工作者对振兴国家科技实力怀揣的拳拳之心。好在整个社会已对人才问题有了很大的共识。前不久在《文汇报》上展开的“倾听‘青椒’”大讨论，已引起社会各方面的关注，政府也正在逐步推行一些切实可行的政策，以解决一部分青年才俊的科研与生活问题。从全局来看，国家还没有财力给所有人都提供相应的条件。怎么办？只能靠自身的努力，当然也有待于整个国家的经济发展，只有国家进一步富强了，才能从根本上解决问题。然而，国家的富强也只有靠每个人的努力奋斗。科教兴国，匹夫有责。

范滇元深情地回首：“1962年，彭真同志对我们应届毕业生说：‘你们是青年中的佼佼者，在我们国家能够上大学读到大学毕业的是少数，是极少数，你们不要忘记与你们同时代的千千万万的同龄人，他们没有机会上大学，他们在比你们艰苦得多的条件下工作生活。’我觉得这段话也很值得今天的青年思考。不要光看到国外、中外合资企业等条件优越的地方，更要多看看绝大多数在农村、工厂、部队、边远地区的同龄人生活在怎样的条件下。我相信，一旦真切地了解了我们国家最底层的状况，每一位有志青年都会义不容辞地挑起振兴中华的重担。说实在的，科研往往‘屡战屡败’，但是多年来人们还是以‘屡败屡战’的气慨，前赴后继百折不挠地奋斗。我想，成功之日，一定会出一部《人民感谢你》的电视片，记录中华民族新一代优秀儿女的奋斗足迹。我真诚希望通过年轻一代的努力，使我们国家在科技上也扬眉吐气，也祝愿年轻一代真正成为让‘人民感谢你’的人。”

“神光Ⅰ”让范滇元花了十年心血，“神光Ⅱ”又让他整整拼搏了十年。人生能有几个十年？范滇元原想“神光Ⅱ”功德圆满后，可以回归“普通人的生活”了。但是，巨型的“神光Ⅲ”计划又马不停蹄地开展了，其规模比“神光Ⅰ”要大几十倍，是我国历史上最大的光学工程，范滇元又义无反顾地踏上了新十年的征途。

看来，范滇元从小闹钟开始的原子梦，会永远做下去……

同获光华工程奖的四位院士合影（左起：龚惠兴、杜祥琬、钟南山、范滇元）

钱伟长

科学与人文是人类文明的两张翅膀，缺一不可。

钱伟长　应用数学家和力学家。1912年10月9日生于江苏无锡。2010年7月30日逝于上海。1935年毕业于清华大学物理系。1942年获加拿大多伦多大学博士学位，后在美国加利福尼亚州理工学院喷射推进研究所任研究员。历任清华大学教授、教务长、副校长，中国科学院力学研究所副所长，上海工业大学校长，上海大学校长。曾任中国力学学会副理事长，中国中文信息学会理事长，《应用数学和力学》主编，美国《应用数学进展》《国际工程科学月刊》编委，《简明不列颠百科全书》的中美编审委员会委员，波兰科学院国外院士，中国民主同盟中央副主席，全国政协副主席等。1955年被选聘为中国科学院学部委员（院士）。主要从事力学、应用数学等方面的研究与教学以及教育组织和领导工作。首次将张量分析及微分几何用于弹性板壳研究并建立了薄板薄壳的统一理论，提出了浅壳理论的非线性微分方程组，国际上称为“钱伟长方程”。首次成功地用系统摄动法处理非线性方程，迄今国际上仍用此法处理这类问题。提出的广义变分原理和环壳分析解等成果被誉为“具有我国独特方法的重要贡献”。研制成功新颖中文编码及计算机汉字输入方案（“钱码”）。对大功率电池的设计理论、电机计算理论等有独特见解。发表研究论文160余篇，已出版《弹性板壳的内禀理论》等专著20多种。

我是忠于我的祖国的

——钱伟长的爱国情怀

儿时的人文学养熏陶

1912年10月9日，钱伟长出生于江苏无锡鸿声镇七房桥村。祖父和父亲都是贫穷的乡村教师，生活虽清贫，对学问却孜孜以求。钱伟长至今依然清晰地记得儿时每逢寒暑假，父亲钱挚和四叔钱穆等相继回家，在长辈营造的琴棋书画氛围中，他能领略华夏文化的精妙，陶醉于中国历史和文化之中。每到夏天，长辈们都要将省吃俭用购置的四部备要、二十四史和欧美名著等晾晒，童年的钱伟长自然是积极参与者，耳濡目染，增长了对人类文化的崇仰之心。六叔钱艺的诗词和书法、八叔钱文擅长的笔记与杂文都自幼深深地影响着钱伟长，滋润着钱伟长。尤其是八叔要他每隔两天交一篇作文，这种训练使钱伟长日后进入学校后，国文课经常能获高分。父叔四人还都精于围棋，钱伟长自幼成了热心的观战者，潜移默化中也领悟了一些棋艺与棋谱，以至于在往后的学校围棋赛中，靠儿时的这些“功底”居然每每得胜，常获冠军。围棋摆谱还成了钱伟长终生的业余爱好，耄耋之年的钱伟长仍痴迷于棋道。

钱伟长进大学前从未穿过一件新衣，都是母亲将父叔们穿旧的衣服改裁后缝制的，将腰部折叠着缝起来（舍不得剪掉），随着身子长高逐步放长，时间久了别处都褪色，唯独腰部像系了一条深色的带子。童稚时钱伟长穿的袜子也总是补了又补，有时补到五六层之

一辈子钟情于祖国科学与教育事业的钱伟长院士（2004，方正怡　摄）

多，穿起来凹凸不平，挺不舒服，夏天他干脆赤脚。钱伟长还从小学着帮祖母和母亲采桑养蚕，拾田螺，捉田鸡，挑马兰头，放鸭子，甚至去湖里捉螃蟹。生活清贫，营养不良，致使钱伟长小时候相继患过疟疾、肺病、伤寒，虽缺医少药，居然活了下来，但18岁进清华时，身高只有1米49，成了全班最瘦弱、最矮小的学生。虽说江南人个子不高，少年钱伟长的个子还是鲜明提示了他的家贫与常年的营养不良。

清贫然而融洽的家庭氛围和长辈们追求学问的不倦态度，深深感染着钱伟长，使他自小懂得做人的要则：要洁身自好，要刻苦自励，要胸怀坦荡，要安贫正派……这一切都力促他要知上进永不息，使他一生受益无穷。

连年的军阀混战，从小学到初中，钱伟长真正上学不到五年。国文与历史全靠在家庭自学，数学没学过四则运算，平面几何学了不到一学期的课，小代数也只是一知半解，外语从来没碰过。因此，一进入苏州高中，钱伟长必须格外努力，补上“欠债”。好在他得到许多

钱伟长院士在专心致志地下围棋（2006，方鸿辉摄于上海大学招待所）

1940 年 6 月出国前，钱伟长与亲友合影
（前左起：大妹钱舒秀、四叔钱穆、钱伟长）

有造诣的恩师不吝指教。国文教师是他的四叔钱穆，西洋史教师是杨人楩，生物学教师是吴元迪，本国史教师是吕叔湘，英文教师是沈同洽，地理教师是陆侃舆，音乐教师是杨荫浏……都是一代名师，他们精湛的传道、授业、解惑，激发了钱伟长的求知欲，可谓人生的“第一口奶”吃得很健康。经过三年似痴如狂地努力，在 19 岁那年的高考中，钱伟长竟以中文和历史两门学科 100 分的成绩跨进了清华大学。

记得那年清华的语文考题是《梦游清华园记》。钱伟长从没到过北京，更遑论游清华园。年轻气盛且富有想象力的钱伟长没有任何羁绊与包袱，大胆想象，花了 45 分钟，洋洋洒洒写就一篇 450 字的赋。命题老师想改，一个字也改不了，只能给钱伟长满分——100 分。四叔钱穆看到后则告诫他别太气盛。那年的历史题目是写出二十四史的名字、作者、多少卷、解释人是谁？这样一个怪题，好多人考了零分，钱伟长又答题如流，稳稳地考了满分。可是，他的其余四门课——数学、物理、化学和英文，却总共考了不足 100 分，英文从没有学过，考 0 分。

弃文学理的抉择

那时清华文学院有朱自清、闻一多、冯友兰、陈寅恪、雷海宗、俞平伯、杨树达等名教授，而钱伟长对古文和历史都有兴趣，究竟是进中文系还是入历史系?

就在钱伟长决定进入历史系的第二天，也就是1931年的9月18日，日本帝国主义发动了“九一八事变”，侵占了我国的东三省，全国青年学生纷纷举行游行示威，呼吁各界抗日。当天，钱伟长从收音机里听到了这个震惊中外的消息，毅然决定弃文从理。

至今，钱伟长记忆犹新：“我听了这消息就火了，年轻嘛。没飞机大炮，我们自己造！我下决心不学历史了，要学科学，要学造飞机大炮。有老同学告诉我，你进物理系吧……”

其实，那时的钱伟长并不理解“科学”是什么，以为数理化即科学，所以他就决心弃文学理。学校里既然有吴有训这么一位人人传颂的科学家在物理系任主任，他自然力图进入物理系。在1931级的106位新生中，要求进物理系的竟有21人。对那些入学考试物理学、数学成绩好的同学，系里当然欢迎，而对钱伟长却尽力劝说到别的系去。“我一再找系主任吴有训教授，他就拿出我的全部入学考试试卷，恳切地提出我学中国文学或历史最合适，并说中文系的杨树达教授很欣赏我的那篇作文，希望我到中文系去；历史系的教授对我的答卷也特别满意，希望我到历史系去。但是，我的数理化三科考分的总和不到100分（其他同学的成绩都在200分以上），英文也考得不好（当时理科教材多是用英文本），将增加学习困难。吴老师极力劝导我学中文或历史，说中国文学和历史也是国家民族所需要的。他见我身体瘦小羸弱，特别关切地说，要根据个人的条件选择系，物理系每届都有一半同学受不了学习负担而转系，对学校和个人都是损失。他担心我承受不了物理系功课的负担。吴老师没有料到他所面对的是一个下定决心、态度坚决的青年。要弃文学理，是我经过反复思考表达的愿望，是不会轻易更改的了。”经过一个多星期的死缠与软磨，最后吴有训只得同意钱伟长暂时借读物理系，但是要他保证在学年结束时，物理学和微积分的成绩都必须超过 70 分，同时选修化学，还要加强体育锻炼，向马约翰教授学习。这对钱伟长的确是很严的全面要求，每周除上课外，有两个下午的物理学实验和两个下午的化学实验，还有课外锻炼，钱伟长必须加倍努力，克服种种意想不到的困难，达到吴有训先生的“高标准与严要求”，否则就得“转系”。

吴有训的通融，为日后人类工程物理学造就一位天才提供了通道。为此，钱伟长不得不拼命学。“那时候跟我一样拼命的还有华罗庚。我是很用功的，每天早晨 5 点到科学馆去背书，可是华罗庚已经背完了。”钱伟长对这段求学历程记忆犹新。那时清华物理系有吴有训、叶企孙、萨本栋、赵忠尧、周培源、任之恭等多名讲课精彩且实验投入的知名教授；系里又经常有研讨会，还时有欧美著名学者（诸如玻尔、狄拉克、郎之万等）来校访问演讲，让他们有缘与大师交流，洞悉了物理学最前沿的景观。在吴有训、叶企孙等恩师的鼓励下，钱伟长还选学了材料力学、工程热力学、近世数学、化学分析诸学科，聆听了信息论泰斗维纳在电机系的演讲和空气动力学权威冯·卡门在航空系的短期讲学；选学了熊庆来的《高等分析》，杨武之（杨振宁之父）的《近世代数》，黄子卿的《物理化学》和萨本栋的《有机化学》。作为一名物理系的学生，钱伟长在数学、物理、化学诸领域都打下了较宽广的基础，为日后建造学科“金字塔”奠定了良好的根基。钱伟长在物理系苦读了四年，变成全班物理学得最好的学生。尤其令人难

钱伟长与夫人孔祥瑛合影

忘的是，清华六年，让钱伟长从瘦弱的“out of scale”（1.5 米以下的不合格身高），成长为强壮的校田径队和足球队的队员，这得归功于体育教授马约翰先生的激励以及他自身的毅力。钱伟长对体育的钟爱一直持续到老年，60 岁时参加教研组的万米赛跑还能遥遥领先。

1939 年 8 月 1 日，钱伟长和清华中文系同学孔祥瑛在昆明西南联大结婚，吴有训先生为他们主持了简单的婚礼。三周后，中英庚款会公布他与林家翘、段学复、傅承义、郭永怀等九位西南联大同学考取了第七届留英公费生。但是，留学的起程又一波三折。

留学起程一波三折

1939 年 9 月 2 日，中英庚款第七届留英学生 22 人抵达香港时，不幸第二次世界大战爆发，所有赴英客轮扣作军用，钱伟长等学生的留学计划也被迫延期。在返回昆明等候通知的时候，钱伟长从王竹

在上海大学招待所钱伟长院士接受笔者采访（2005，方正怡　摄）

溪那里借到拉夫著的《弹性力学的数学理论》，仔细研读后发现当时国际学术界关于弹性板壳的理论十分混乱，不仅板、壳分开，而且各种不同形状的板壳的有不同的方程。于是，钱伟长决心寻找一种统一的以三维弹性力学为基础的内禀理论。苦苦埋首数月，他以高斯坐标张量表达的微分几何来表示变形和应力分析之创新思想，居然获得了前所未闻的统一内禀理论。

三个月后，当中英庚款会做好了所有准备时，他却与同学们一起选择了放弃。钱伟长回忆道："因为英国皇家学会的会员，还有不少名教授，都逃难到加拿大去了，所以让我们改去加拿大留学，说是中英庚款的负责人在上海英租界等你们。船到了，那是俄国的'皇后'号。早上八点上船了，中英庚款的负责人就把护照发给我们。他倒是好意，说你们过日本的时候啊，息船三天，没事，可以到横滨去玩玩。一看签证，我们就火了，日本占领我国领土，我们受了那么多苦，还签证跑那里干什么？当场有留学生就把护照扔进黄浦江里了，22 人全下船了。结果负责中英庚款的那位英国人自己承认错了。他说我们不懂得你们中国人的爱国心，你们先回去再说……"

1940 年 8 月初，中英庚款会再度将钱伟长等留学生召集于上海，坐俄国"皇后"号邮轮赴加拿大。9 月中旬终于抵达加拿大多伦多大学，开始了艰辛的留学生涯。这也是多伦多大学首批接受的中国研究生。

留学海外　科研多产

到多伦多大学后，钱伟长与林家翘、郭永怀同时师承应用数学系的辛祺（Synge）教授。师生第一次见面，辛祺教授就发现自己与钱伟长都在研究弹性板壳的统一内禀理论，只是视角有所差异，导师宏观，学生微观，尽管当时所得到的结果还不能统一，但深信既是同一实质，必将能统一。也就在他们第一次见面时，即决定师生分两段写成一篇论文，投交美国加州理工学院航空系，以祝贺冯·卡门（Von Kármán）教授60岁诞辰。祝寿论文集于1941年夏季刊出，共24篇论文，作者均为“二战”时集聚北美的知名学者，如爱因斯坦、冯·诺伊曼、铁木辛柯、科朗等，钱伟长是唯一的中国青年学子。这一旗开得胜之举倒是增强了他的自信，也提高了整个中国留学生团队的知名度。经过一年努力，钱伟长打通了宏观理论与微观理论的通道，顺利通过博士论文答辩。

钱伟长获博士学位（1942）

1942年底，钱伟长即转到美国加州理工学院冯·卡门教授主持的喷射推进研究所工作。1943年至1946年期间，钱伟长主要从事火箭的空气动力学计算设计、火箭弹道计算研究、地球人造卫星的轨道计算与研究……也参加了火箭现场发射试验工作，同时还在冯·卡门教授的指导下，完成了变扭的扭转和水轮机斜翼片的流动计算，以及超音速的锥流计算等重要的研究课题。1946年，他与冯·卡门合作发表了《变扭率的扭转》一文。冯·卡门曾说这是他一生中最为经典的弹性力学论文。应该说，博士后的这几年确实是钱伟长一生科研的多产期。然而，正当钱伟长在美国的事业如日中天的时候，他却选择了回国。

我是忠于我的祖国的

科研越多产，钱伟长怀念祖国与亲人的情思也越强烈。抗日战争胜利后，他以“久离家园、怀念亲人”为由，取得回国权，1946年5月从洛杉矶搭货轮返上海，8月初又从上海搭轮船经秦皇岛回到阔别八年的北京清华园，在母校清华大学当了一名普通的教授。9月，爱妻祥瑛自成都携已六岁的儿子元凯赴京，钱伟长才第一次见到儿子。那年月物价飞涨，作为穷教授的钱伟长入不敷出。到第二年冬季长女开来出生后，只得向单身同事、老同学彭桓武等告贷度日。

钱伟长深情地回忆：“1948年钱学森从美国回来了，他是回来结婚的。他来看我，看我很可怜。那时工资是15万金圆券，只能买两个暖瓶，叫我怎么过日子？回国之前，我在美国的年收入是8万美元。钱学森说，美国特区研究所（GPL）还希望我回去。我当然不想回去，可是那时的艰苦让我的生活与科研都发生极大的困难。于是，要到美国大使馆签证。问我，你信什么教？我说我没教。他说不行啊，没教在美国人看来，你是无教之徒，就是野蛮人。后来他说这样，你填孔教。最后一条，我填不下去了，讲中国和美国打仗的时

钱伟长院士在四川绵阳29基地备课（1980）

候，您忠于美国吗？我当然忠于中国了，我是中国人，怎么能忠于美国？我就填了一个 NO。结果就因为这个，他们不让我去了。”

“这一点是毫不犹豫的。我是忠于我的祖国的。”钱伟长反反复复强调。

为了生活，更为了实现“科学救国”的抱负，新中国建立前，钱伟长几乎“承包”了清华大学机械工程系、北京大学和燕京大学工学院三校的基础课——应用力学和材料力学，物理系的理论力学、弹性力学等课程，还担任《清华工程学报》主编等审稿工作。教学之余，钱伟长继续在润滑理论、圆薄板大挠度理论、锥流和水轮机曲线导板的水流离角计算等领域不懈钻研，相继撰写并发表了 8 篇有影响的论文。

满腔热情为中国科技腾飞

1949 年 3 月，清华大学成立了校务委员会，由叶企孙任主任，张奚若、吴晗任副主任，周培源为教务长兼常委，费孝通和钱伟长为副教务长兼常委，陈新民为总务长。1952 年院系调整后，钱伟长被任命为纯工科的清华大学教务长。1956 年钱伟长又被任命为清华大学副校长，仍兼教务长和力学教授。

钱伟长院士（中）、郭沫若与外国专家合影

繁忙的教学与科研之外，钱伟长还为北京各所高校培训应用数学与力学的师资。1956 年，他出版了我国第一本有关弹性力学的专著。钱伟长的社会兼职也令他忙得不亦乐乎。1951 年中国科学院成立之初，钱伟长就兼任数学研究所力学研究室主任。钱学森回国后建立了中国科学院力学研究所，钱伟长又兼任了副所长……1955 年中国科学院学部成立，钱伟长成了第一批被选聘的学部委员，并兼任中国科学院学术秘书。值得指出的是 1954 年至 1956 年，钱伟长还花大量精力参与由周总理亲自领导的制定我国自然科学 12 年规划的工作，经常通宵达旦地工作。也就是在规划研讨会上，周总理公开赞誉钱伟长、钱学森和钱三强为“三钱”。此外，1953 年，钱伟长还参与起草了新中国第一部宪法。就是在忙得连喘气都很紧张的情况下，钱伟长还是没有打乱自己的科研节奏。凭着让新中国科技早日腾飞的满腔热情，这几年他还是成绩卓著地发表了 20 多篇科研论文，出版了《弹性柱体的扭转理论》《圆薄板大挠度问题》等专著。

钱伟长院士（左）与费孝通教授聊得正欢

丧失了26年珍贵的年华

作为教育工作者，钱伟长很有见地地主张：教学必须与科研相结合，教师除了必须结合生产实践，还必须通过科研工作不断扩大知识领域，掌握新知识，加深对这些知识的理解，才能教好学生；在教学中，教师不只是传授知识，还要指导学生能了解这门学科所存在的问题和发展的方向，否则教师只是照本宣科的教书匠，教学质量是无法提高的；大学教育应打好基础，以培养学生的自学能力为主，工科学生要有理科基础；大学专业不应分得过细，不能设想许多知识都要在学校里由教师一一讲过，因为学生毕业后在实际工作中遇到的问题是复杂多样的，再说科技还在日新月异地发展着、更新着，学生更需要有自己分析问题和解决问题的能力。钱伟长还认为工程师必然是在长期建设工作的实践中锻炼成长的，不可能在大学的“摇篮”里培养出来……钱伟长的这些与当时苏联教育思想相背的不合社会潮流的见解，竟在清华大学引发了一场历时三个月的大辩论。为了回答各方责难，钱伟长于1957年1月31日在《人民日报》上发表了《高等工业学校的培养目标问题》一文。谁料到很正常的教育理念的论争却在当年6月的“反右”运动中，以政治结论而告终，钱伟长被错误地划为“右派”，并

钱伟长院士为各类讲习班授课

由此撤销一切职务，停止一切工作，仅保留教授，从一级降为三级。家庭也遭牵连，儿子元凯尽管成绩优秀也无缘进大学深造……

1960 年，钱伟长被摘掉了大“右派”帽子，但并没有恢复他的正常教学工作。酷爱教学与科研的钱伟长只能转入“地下”。一些懂行的专家倒能抓住契机，请他开设了各类讲习班，诸如为北京地区冶金学界讲授“晶体弹性力学”，为航空学界讲授“空气弹性力学”，为力学界讲授“颤振理论”……听讲者少则数十人，多则数百人，而且上述授课都是系统讲座，常连续开讲数月至半年，为我国应用数学和力学培养了大批人才。当年的听讲者中不少人已成了我国该领域的学科带头人，有的还成了院士。除了“地下教学”与“地下科研”外，钱伟长还顽强地进行“地下咨询”：他曾代叶渚沛院士起草了加速推广转炉的建议书，设计了高炉加压顶盖机构和强度计算；在李四光的恳求下，钱伟长研究了测量地心引力的初步设想措施，并推荐“反右运动”后被流放到新疆的他的研究生潘立宙去从事该项研究；为国防部门建设防爆结构、穿甲试验、潜艇龙骨计算提供咨询；为人民大会堂眺台边缘工字梁的稳定提出增强方案；为北京工人体育馆屋顶网络结构提出计算方法……

钱伟长院士与埃及教育部长白哈丁交换合作文本（1993）

令钱伟长痛苦的是，1964 年他总结十几年的科研结晶——所撰的创新论文《关于弹性力学的广义变分原理及其在板壳问题上的运用》竟被《力学学报》以“不宜发表”为由而退稿。4 年后，日本学者鹫津久一郎在美国出版的《弹塑性力学中的变分原理》也表达了相似的论点。

在史无前例的“文化大革命”中，钱伟长的遭遇更是惨不忍睹。除了皮肉受尽折磨，精神痛苦更是苦不堪言。书籍资料大都散失，科研教学根本无法进行。不过钱伟长坚信，这都是暂时的，“一个国家不可能这样长期混乱下去，总有一天要恢复建设”。他没有丧失信心，没有消极悲观，只是春天盼秋天，今年盼明年，没想到这一盼就是十年之久。好在 1970 年在周总理的直接关怀下，钱伟长有幸接受了接待国际友人的外交任务，相继接待了荷兰名导演伊文思、美国作家斯诺以及韩丁、英国记者格林……直至 1972 年，钱伟长又有机会参加中国科学家代表团出访，进行学术交流，使他的境遇出现了转机。

钱伟长院士谈高校“拆掉四堵墙”的理念（1983）

钱伟长（右）与钱学森院士在政协六届五次会议闭幕式上握手（1987）

拆除隔篱 教研相长

1979 年夏，党中央以文件形式公布 55 名党外人士被错划为“右派”者一律予以改正，并恢复名誉，其中钱伟长是还健在的 7 人之一，但对钱伟长的“右派”改正问题，清华大学又拖了三年多，直至 1983 年 1 月 12 日在中央决定调他任上海工业大学校长一个月后，才勉强给了一张“改正书”。接到“改正书”的当天，钱伟长即辞去任职达 38 年的清华教授，翌日便只身返沪，向上海工业大学报到。钱伟长终于挣断桎梏，重新获得了全心全意为教育事业不懈奋斗的全新条件，从而开始了他人生的新起点。

钱伟长院士与清华教员们一起做实验

调任上海工业大学校长后，钱伟长就倡议“拆掉四堵墙”：学校和社会之墙，校内各系科、各专业、各部门之墙，教育与科研之墙，“教”与“学”之墙。为此，他抓师资队伍建设，抓科学的学制建设，抓学生的全面发展，也抓学校硬件设施和软件建设……

1980年，钱伟长率团参加了在香港举行的国际中文计算机会议，并公开表示：“中文计算机将由中国人自己搞，我们自己将做出世界上最实用的、最优化的中文计算机来。”回国后，他立即组织了中文信息研究会。由于钱伟长深厚的物理学基础和人文底蕴，在1985年他就独创了宏观字形编码法，俗称“钱码”。“钱码”以高速易学闻名于世，为IBM机所采用，并获得1985年上海科学技术发明奖。

20世纪80年代后，他的社会政治活动也日益增多，相继被选为民盟副主席、全国政协常委和副主席、香港特别行政区基本法起草委员会委员、中国和平统一促进会执行会长、《中国大百科全书》和《辞海》副主编、《简明不列颠百科全书》中美编审委员

钱伟长在北京新街口外大街寓所下围棋（1994）

钱伟长院士与徐匡迪院士亲切握手

会委员等。往后的30年，繁重的教学行政工作、多彩的政治社会活动与广阔的学术天地，使钱伟长的生活更富有意义。这位可敬的老人担任上海大学校长，却不拿学校一分钱薪金，在上海连自己的房子都没有，自己的家都没有，常年住在学校条件很一般的招待所，只是长年驻守着警卫却又让招待所显得不同寻常而已，毕竟钱老曾任全国政协副主席。

虽然岁月催人老，但是钱老欣逢盛世，仍夜以继日地发奋工作，以补偿被失去的26年珍贵年华，愿以自己的点滴汗水，汇入国家建设波澜壮阔的洪流之中。只要看看钱老的沧桑人生，我们不难理解什么叫“以国家利益重于一切”。

抢救濒危记忆　积累科学文化

2004年3月12日，钱老受中国科学院、中国工程院和中国社会科学院部分科学家的委托，给中央领导写了一封信，建议编研出版“20世纪中国知名科学家学术成就概览”系列丛书（以下简称“概

钱伟长院士应邀在中国科技大学研究生院讲课，并认真解答师生们提出的问题

钱伟长院士从不间断地辛勤笔耕，著述立说

览”)，旨在整理科学家学术成就的基础上，分析并总结他们之所以能取得这些学术成就的条件以及他们取得这些学术成就的途径，评介这些学术成就对学科建设以及人类社会发展的贡献和影响，这对当前人才培养会有极大的价值和启示，并有望得出在科学史和方法论方面有一般性意义的结论，使科技和人文更有机地融合。钱老的这项建议受到中央领导的高度重视。2006 年 12 月，“概览”项目被立为国家“十一五”重点出版项目。有鉴于“概览”对于传播科学、创造未来具有划时代的意义，笔者为此又特意采访了钱伟长院士。

2008 年初夏的上海，天气潮湿闷热，但跨入上海大学绿阴包围的乐乎楼——钱伟长院士居住的招待所，笔者的心归于平静。只见 96 岁高龄的学界泰斗精神矍铄地坐在棋桌旁，双手各执黑、白子，全神贯注地自我对弈。

当秘书徐旭先生把笔者的来意向钱老通报后，钱老非常开心，放下棋子与我们一一握手，话匣子也打开了：“科学和人文是人类文明的两张翅膀，缺一不可啊。再说啊，盛世修志，我们的国力强盛了，有条件也有必要来回顾一下 20 世纪中国的科学文化，溯迹先辈，凝聚国力，探索历程，瞻望未来么！”

笔者因工作关系曾多次采访过钱老，也能较深地体味钱老话中的含义。记得钱老曾经谈起过50年前的一段往事："上世纪50年代初，在叶企孙先生倡议下，我和王竹溪等曾苦心收集了上半世纪中国人发表的物理学论文（包括国内外发表的，也包括纯粹物理和应用物理），大约有700余篇，试图汇编目录出版。但鉴于当时的政情，我们的工作成果没能问世，后来这些资料全部流失，这是一个很大的损失……"钱老当时的遗憾尤其触动我们的心灵。当年想从科学文化的角度总结半个世纪中国物理学的发展，今天又以一名战略科学家的视野提出了整理并出版"概览"的建议，可以理解这正是钱老欲圆50年前的梦。

而今，科教兴国有了人文导向，钱老的建议受到中央领导的高度重视，新闻出版总署约请科技部、中国科学院、工程院、社科院、台

作为上海科普作家协会荣誉会员，钱伟长院士为协会题词：科普宣传万岁（2006，方鸿辉　摄）

办、侨办、港澳办、科学出版社等有关部门负责人，商研“概览”的出版问题，并就编写工作达成了共识。各部门一致认为：这是一项重要的科学文化出版工程，对于团结海内外华人科学技术方面的专家和学者，增强中华民族的凝聚力和向心力，对于传播科学、创造未来，具有重大的时代意义和科学文化积累的意义，应当做而且一定要做好。在钱老的直接领导和不懈努力下，“概览”被列为国家新闻出版总署“十一五”国家级重大出版工程。

钱老不愧是高屋建瓴的战略型大家，立意高，构画全面，他亲自主持的“概览”工程由纸媒、资料数据库与光盘、网络传播三大部分构成，2008 年项目已启动，计划 5 年完成。全套纸媒图书总篇幅约 4000 万字，分为自然科学、工程技术和人文社会科学三大板块，拟由数学、力学与天文学、物理学、化学、地学、生命科学、农学、医学、机械与运载工程学、信息与电子工程学、化工冶金轻纺与材料工程学、能源与矿业工程学、土木水利与建筑工程学，以及哲学、法学、历史学、经济学、教育学、军事学、管理学和索引等 21 卷组成。

“概览”由钱伟长亲任总主编，由他推荐德高望重的各学科的科学家任副总主编。钱老如数家珍般地说：“我们这个项目可是一个大工程啊！我们将严格筛选出公认的、确有科学建树的国内外知名华人科学家约 6000 位，除收录他们的生平、著述和专题

与小朋友在一起是钱伟长院士最开心的时光

研究的所有文献档案资料外，还将搜集他们有价值的图文资料。用数字化的技术手段对如此海量的科学文化信息进行合理分类、整理、存储、提取、发布、展示和输出操作（如纸媒图书的按需印刷，同步推出光盘并网络传播等），我相信这项大科学基础建设工程是积累文化、造福人类的……”

这样浩大的工程只有高瞻远瞩的战略型科学家才能构画。所以，由钱伟长院士来提出编撰“概览”的工程也是必然的。钱老不是一般的纯自然科学家，他是科学与人文“两栖类”大家。出身于书香门第，自小深受父叔辈学人（诸如国学大师钱穆等）的影响，具有深厚的人文底蕴。钱老对出版又绝对是行家里手，他曾任《简明不列颠百科全书》的中美编审委员会中方主席、《辞海》副主编……钱老的理解力是通透的，学科知识是贯通的。文理相通的知识结构与拳拳报国的赤子情怀，使年逾九旬的耄耋老人依然能高瞻远瞩地提出编撰“概论”的周全构想。

“概览”将覆盖自然科学与社会科学几乎所有的领域，将塑造中

方鸿辉向钱伟长院士汇报科普图书编辑情况（2004，方正怡　摄）

华民族科学家的群雕像。“我们这套信息大集成与传统的科学家传记不同，每卷的卷首有五六万字的学科发展史综述，每个分支学科也有两三万字的发展简述，让读者对学科整体发展有一个概貌性了解，从而对后续的知名科学家的学术建树才会理解更透彻，这叫既见森林，又见树木。而对科学家的介绍重在学术成就，以展示他们的治学方略、价值观念和哲学思想，突出他们为促进中国和世界科技发展、经济和社会进步所作的贡献，展现他们在百年内忧外患中坚韧的科学精神和爱国情怀。这样的信息采集与内容构画，我想应该能激励后人见贤思齐、知耻后勇，为我中华民族的伟大复兴而奋发有为吧！再说，20世纪学有所成的不少知名科学家都年事已高，尽快编成这套‘概览’也是一件功德无量的事，是对‘濒危记忆’的抢救啊！”

令人赞叹的战略思考，科学泰斗的远见卓识！

桑榆匪晚，奔驰不息。这才是对科学泰斗——钱伟长院士最生动的写照。

沈文庆院士拜访上海大学钱伟长校长

附录

“三钱”称呼的由来

周恩来曾把钱伟长、钱学森、钱三强合称为“三钱”，这种赞誉道出了一个本质：这三位泰斗级大家都是“国家利益重于一切”的。那么，“三钱”这个科学界广为人知的说法究竟是怎么来的？

1956 年搞国家科学规划。周总理指示，规划要走群众路线。于是，找了很多专家、学者群策群力。“那时候，我是清华的教务长，我当然不能不去。我提出的规划中只有五项是关于学科的：原子能、导弹、航天、自动化，还有计算机和自动控制。我的这个意见提出来以后，不少老先生都不同意，说我的数学、我的物理到哪儿去了？”钱

钱三强院士

钱学森院士

钱伟长院士

伟长清晰地回忆道。其实，钱伟长自己的力学学科也没有提出来。他的出发点很纯正——国家需要什么搞什么。他关注的并不是某一门学科，而是国家整体的科技实力该怎样发展和提高。

“这样一提以后，只能跟这些专家不断争吵，这边有 400 多位专家呢！但只有两位支持我了，他们都是从国外回来的：一位是钱三强，他是搞原子弹的，他本身就需要这个东西；另一位是钱学森，他是搞航天的。”结果整整吵了一年多。最后，周总理发话，“三钱”说的是对的，我们国家需要这个。

从此，“三钱”的称呼就传开了。

龚岳亭

融“事业、聪悟、奉献、协作与合作、纯洁天良问心无愧”为一体，以此格物致知，励志报国。

龚岳亭　生物化学家。1928年4月5日生于上海，2014年12月27日逝于上海。1949年毕业于上海圣约翰大学化学系。中国科学院上海生命科学研究院生物化学与细胞生物学研究所研究员，曾任上海市计划生育科学研究所所长、名誉所长，中国科学院上海分院图书馆馆长。是我国多肽激素合成与应用、结构与功能关系研究领域的开拓者之一，也是1965年在全世界第一个用人工方法合成结晶牛胰岛素的工作中，任胰岛素B链合成的主要负责人之一。胰岛素的人工合成，首次用实验的途经证明一级结构决定高级结构的理论。这一成就曾获1978年全国科学大会重大成果奖与1982年国家自然科学奖一等奖。开展多肽激素（下丘脑、肠胃道激素）化学合成和结构功能等方面的研究，成果被应用于临床医学、计划生育的研究以及畜牧业、渔业等方面；人工合成的促性腺释放素（LH—RH）及其高效类似物，在全国被成功应用于淡水鱼的催情产卵，促进了国内家鱼的生产，经济效益显著。曾任上海市第七届、第八届政协常委，上海市第八届人大代表。1993年被选为中国科学院院士。

蛋白质的人工合成

——龚岳亭的做人与做事之箴言

1981 年盛夏的一天，绿阴覆盖下的上海西区岳阳路上，中国科学院上海生物化学研究所像往常一样静谧，所长王应睐院士坐在自己的办公室里，拆开一封由美国中西部州立大学协会举办的“世界知名科学家巡回讲学”的邀请信。

该派谁去讲学呢?

原本该邀请是由北京大学校长周培源院士提名的，但德高望重的老校长认为，应该让中国科学院上海生物化学研究所派科学家前往。因为他们早在 20 世纪 60 年代中期就以“大兵团作战”的集体智慧，在世界上首次人工合成了结晶牛胰岛素，这项科研创新的成果曾震动了全世界。由于在 1965 年对外宣告成功的这项人工合成蛋白质的成果，受紧随其后而爆发的“文化大革命”的冲击，一直未能很好地在国际上作过交流；国际科学界也一直想了解中国在生命体合成方面的研究与进展。带人工合成胰岛素项目去作巡回讲学，不仅有利于加强

龚岳亭院士在办公室（2008，方鸿辉　摄）

慈祥乐观的生物化学家龚岳亭院士（2008，方鸿辉　摄）

国际间的交流与合作，也能向世界展示新中国科学事业的崭新面貌，以及中国科学家能在如此简陋的条件下作出令人瞩目创新成果的人格魅力，以提高中国生命科学研究在国际上的地位和影响。

霍奇金教授（诺贝尔奖获得者，前右二）在参观生化所时与王应睐（前左一）、曹天钦（前右一）、张友尚、梁栋材、龚岳亭（后右二）合影

对参加集体攻关的每一位科学家，王应睐都了如指掌，在这一世界前沿研究领域中，他们都是杰出的，都是很有风采的，无论派谁都堪当此任。但是，他还是在龚岳亭的名字上画了圈。

治学与处世箴言

1949 年，龚岳亭毕业于上海圣约翰大学化学系，1950 年进入中国科学院上海生理生化研究所任助理研究员。圣约翰大学是美国教会在 120 多年前在上海创办的一所大学，中西文化结合，有着良好的学风，

龚岳亭圣约翰大学毕业照（1949）

对学生进行能经得起考验并有效服务人类的教学。该校化学系主任是我国老一辈化学家——程有庆教授（后任教于苏州大学），他不仅崇尚西方的科学与技术，同时恪守中国儒家文化修身处世的准则，强调严谨治学和仁义礼智信，对龚岳亭的影响很大。在程教授介绍龚岳亭进入生理生化所以后，他又有幸师从温良恭俭让的化学家沈昭文教授（两位恩师均是圣约翰大学的同窗好友），从事氨基酸与蛋白质的代谢研究。沈先生也是学贯中西的大家，并素有“活字典”之称。他道德修养高尚，科研作风严谨，强调对学生要身教重于言教，且晓之以理、导之以行、动之以情。学生们深深佩服他，也打心眼里敬爱他。

龚岳亭（右）满怀感恩之情特地赴苏州探望恩师程有庆教授

龚岳亭在祝贺沈昭文导师科研执教 65 载暨 85 寿庆会上表达其对恩师教诲的感谢

龚岳亭的结婚照（1954）

良师的循循善诱，使刚步入科学殿堂的龚岳亭逐步养成了良好的科研素养和人文素养，也逐步建立起“人生五C”的治学与处世箴言，即融“事业”（Career）、“聪悟”（Cleverness）、“奉献”（Contribution）、“协作与合作”（Coordinationg & Collaboration）、“纯洁天良问心无愧”（Clear Conscience）五位于一体，以此格物致知，励志报国。

中国科学院上海生化所是我国生物化学科研的大本营，在德高望重的所长王应睐院士的主持下，荟萃了一批杰出的生化科学家。说他们杰出，不光是学术根底深厚，人文学养也同样深厚。生活再清贫，只要有必要的科研环境和条件，就足够受用了，人生也知足了。有什么能比事业和奉献更让他们动心的呢？

龚岳亭与母亲在一起（1937）

受浓郁科学和人文氛围的熏陶，龚岳亭如鱼得水；厚实的学养与踏实的为人处世，也促使他很快全身心投入所从事的生化科研之中。20世纪50年代初，龚岳亭有机会参加有关防止战备粮霉变受潮的生化研究，与王应睐老师、陈善明及孙册师兄师姐一起研制出军粮抗氧化剂。作为研究小组一员，荣获了1956年中国科学院颁发的高级生化集体科学奖。

事业与奉献

1958年是中国历史上一个令人难忘的年头。在“大跃进”的声浪中，迫切期望摆脱几个世纪以来贫穷落后帽子的中国人，用豪言壮语设定了许多令人难以置信的雄伟目标。中国科学家也热切希望做出举世瞩目的科学成就。正因为当时整个生化所上上下下都有一种“敢想敢说”的氛围，敢于打破任何束缚思想的藩篱，就有人大胆地提出了“人工全合成结晶牛胰岛素”的大胆设想。面对这一前无古人的“异想天开”，竟然能获得“纯洁天良问心无愧”的科研工作者们一致首肯。诚如邹承鲁院士（李四光院士的女婿）在20世纪90年代末的一篇回忆文章中所写到的：“在当时的中国科学院上海生物化学研究所，各种各样的想法一个接一个地被提出来，经过激烈的讨论，而又一个接一个地被否决掉。当时争论极为热烈，经常是两三个人同时争着发言，所以现在很难想起确切的是谁首先提出了人工合成蛋白质的想法……”这不仅因为大家都知道蛋白质与核酸两类生物大分子是体现生命的物质基础，蛋白质是生命活动的主要承担者，它调节生长、发育、繁殖、代谢和行为等生命过程。如果能够解决人工合成的问题，乃至创造出不存于自然界的蛋白质“变种”，不仅对深入了解生命现象与活动规律有重大意义，还可以为人类的生产实践开辟出新的天地，在生命科学研究的漫长道路上树立一座重要的里程碑。再说，在那个时代谈蛋白质的人工合成还是有相当神秘感的。因此，能人工合成蛋白质无疑是一项前所未有的惊人科学壮举。这个想法赢得了科学院领导的支持，并且得到此项目得以进行的充足的经费。当然，这在很大程度上还应追源于恩格斯说过的一句话：“蛋白质是生命的存在形式。”能人工合成蛋白质，无疑是在合成生命的道路上前进了一大步。大家更有干劲了。

之所以选择胰岛素作为当时人工合成蛋白质的对象也是有科学道理的。胰岛素是由动物胰脏分泌以调节血糖水平的蛋白质激素，至今在临床上一直作为治疗糖尿病的特效药物。由于胰岛素只有51

个氨基酸，分子虽小但“五脏俱全”，是一个典型的蛋白质分子，也是当时唯一已知一级序列的蛋白质。其一级序列的测定工作 1955 年刚由英国科学家桑格教授（F.Sanger）完成，他也因此而获得了诺贝尔化学奖。

龚岳亭向笔者解释：胰岛素是由一条 21 个氨基酸残基组成的 A-肽链与另一条 30 个氨基酸残基组成的 B- 肽链，它们通过两个硫 - 硫桥键连接成双链的蛋白质单体分子。A- 肽链自身还有一个链内的硫 - 硫环。胰岛素是一个典型的球状蛋白质，具有突出的结构特征——特殊的空间构象，氨基酸残基排列成不同的花样：有的呈 α - 螺旋结构，较为紧密；有的则呈 β - 转角，使肽链的走向转折；有的又处于较伸展的状态，富于柔性。这些结构特征称之为二级结构单元。进而肽链又按一定的方式折叠或卷曲成特殊形状的完整分子，称之为三级结构。不仅如此，单体的胰岛素分子在一定的条件下还能聚集成

中国科学院上海生命科学研究院院长裴钢院士在会议前倾听龚先生话语（2009，方鸿辉　摄）

二体或六体，称之为四级结构。如果上述的特定构象遭到破坏，蛋白质就会变性，随之丧失生物活性。因此，人工合成胰岛素不仅要完成肽链的延伸，还要按一定氨基酸顺序相接的肽链能够自然地折叠卷曲成具有 α－螺旋、β－转角、硫－硫键正确配对，形成与天然胰岛素同样构象的生物活性分子，并获结晶，表现相同的活力。

人工全合成结晶牛胰岛素确实是一项科学意义重大、难度也很高的基础研究项目。1956 年，在颁发诺贝尔奖给桑格教授时，英国权威杂志《自然》的评论文章曾断言："人工合成胰岛素还不是近期所能做到的。"

在 1958 年，有关蛋白质研究领域仍集中于它们的生物功能和物化性质，对结构—功能之间的关系了解是不够深入的，对化学合成具有高级结构的蛋白质更是知之甚少，确实充满着"神秘色彩"。因此，选定胰岛素作为人工合成蛋白质的对象时，首先要解决三个硫－硫键能否正确配对；其次，多肽合成在当时国外的最高水平，也仅有 α－促黑激素（α－MSH）由瑞士 Robert Schwyzer 研究合成的实例，国内只有初步合成催产素的经验，美国科学家 Du Vigneaud 因合成催产素（9 肽）而获诺贝尔化学奖；第三，合成工作中需要大量的氨基酸原料和化学试剂，我国尚不能自给，要花大量外汇采购；第四，还要建立一整套蛋白质、多肽纯化和分析技术。

面对上述主要困难和合成过程中还难以预料的许许多多未知的艰难险阻，参与合作攻关的科学家们并没有被吓倒。那个年代的科学家几乎没有功利的杂念，充溢于精神和行动的都是众志成城、严谨科研、不断创新的情怀，这就是他们获得的科研动力。其中很关键的是当时生化所和中国科学院上海分院的领导都给予鼎力支持，充分尊重并努力营造让科学家能"百家争鸣"的科学氛围，倡导科学家要敢于科学创新，发挥科学家不断进取的科研积极性，并大力激发科学家的聪明才智和创新才华。这些都构建起一种有利于创新的和谐氛围。所领导除组建好团队，还及时有效地在上海和北京两地先后召开了多次协作会议，举行了一系列学术报告会，以一步一个脚印扎扎实实地推进研发工作。现在回过头来分析，当时项目团队的年轻科研人员，没有任何思想束缚和名利羁绊，都能在导师（往往也是院所的领导）的指引下，刻苦学习，认真准备，大胆设想，热烈讨论，无所畏惧地直面艰苦的工作。因此，条件再简陋，任务再艰巨，谁也没有任何畏缩情绪，总觉得有一股巨大的力量在推动着，更不会有任何人来计较个人得失，而是相互学习，共同提高，群策群力，力求早日达成目标。

经过科学论证，研究团队制定出五路进军的具体措施，即以天然胰岛素的硫－硫键拆合和氨基酸生产为先行；多肽化学合成为主力；同时建立与改善肽的分离、纯化与分析技术；并探索肽的激活（磷酸化）与酶促转肽等生化途径。总的精神是：全面准备，多路探索，上下并举，重点突破。

从 1958 年开始，由中国科学院上海生物化学研究所、中国科学院上海有机化学研究所和北京大学化学系三个单位联合，以钮经义为首，由龚岳亭、邹承鲁、杜雨苍、季爱雪、邢其毅、汪猷、徐杰诚等科研人员共同组成一个协作组，进行集体攻关。当时的分工是：由王应睐所长挂帅，曹天钦副所长任学术指导，分成三个研究组，分别由生化所邹承鲁主持 AB- 肽链拆合组，纽经义和龚岳亭主持 B- 肽链合成组，有机所汪猷和北京大学邢其毅主持 A- 肽链合成组。

在钮经义教授的带领下，龚岳亭全身心投入到 B- 肽链的研究与合成中去。

巧妇难为无米之炊。作为合成工作的前提，得有大量的氨基酸等生化试剂。胰岛素有 A 链和 B 链，共由 51 个氨基酸组成，约有 17

种不同的氨基酸，当时国内只能生产纯度不高的甘、精、谷3种氨基酸，其余14种需要进口。由于西方世界对新中国的封锁与禁运，生化试剂需从香港转口进入中国内地，除了要花费昂贵的外汇，而且进口流程的时间较长，科研开展起来就有远水不解近渴之感。为此，自1959年初，逼着生化所走自力更生白手起家的生化试剂研发道路，由钮经义、沈昭义、龚岳亭几位组织有关人员，日以继夜，在较短时间内结束了国内不能自制整套氨基酸的历史，保证了胰岛素合成工作能顺利进行，而且从此创办了生化所东风厂，供应全国（包括氨基酸在内）的生化试剂。初战告捷，鼓舞了整个团队的士气。

在前人对胰岛素结构和肽链合成方法研究的基础上，协作组开始探索用化学方法合成胰岛素。经过周密研究，他们确立了合成牛胰岛素的程序。合成工作是分三步完成的：第一步，先把天然胰岛素拆分成A、B两条肽链，再把它们重新合成为胰岛素，并于1959年突破了这一难题，重新合成的胰岛素是同原来活力相同、形状一样的结晶。这一步成了整个项目获得成功的先声。第二步，在合成了胰岛素的A、B两条肽链后，用人工合成的B-链同天然的A-链相连接。这种半合成的牛胰岛素在1964年也获得成功。接着用人工合成的A-链同天然的B-链结合成半合成胰岛素。第三步，把经过考验的全合成的A-链与B-链相结合。终于在1965年9月17日完成了结晶牛胰岛素的人工全合成。现在描述起来似乎很轻松，其实整个合成过程要涉及几百个步骤，而且每一步都必须适时作出鉴定，小心翼翼，如履薄冰，某一细小环节哪怕有半点误差，到后来其累积效应就会放大，甚至前功尽弃。回过头去检视，当时的科学家们确实是十分严谨的，因为整个团队都能脚踏实地，没有半点急功近利的浮躁，很纯洁地甘愿“奉献”，没有任何人在意是谁拔得“头筹”，只在意如何能“协作与合作”得更好，这是获得成功的人文保障。

从1958年末到1966年初的8年时间里，作为研究组副组长，龚岳亭将整个身心沉浸在实验之中。当时，他不仅要做肽分离、肽库、转肽、合成等方面的工作，同时还要开展检测试剂和原料氨基酸的生产。在大家的协同努力下，这些都一一做到了极致。

B-链的合成，在同所的拆合组的协助下，进展相对要快一些。到1963年，他们已陆续发表了十几篇论文，都是中外文一起发表的，成为预报重大收获降临的先声，也鼓舞了整个团队的士气。B-链的合成以及由人工合成的B-链与天然的A-链构建成的半合成胰岛素又首先获得成功，其结果也于1964年发表了。这些都少不了作为团队核心的龚岳亭的努力与汗水。这时，A-链的合成却遇到一些麻烦，因此龚岳亭又加入到上海有机化学研究所的小组中，协助解决问题。

1964年，他们将合成的A、B两链分别与天然的B、A链重组，可达到4%的胰岛素活力，超过当时国际先进水平。成果在当年召开的北京科学讨论会上披露后，使第三世界科技同行们深受鼓舞，并引以为豪。1965年，三个组协同进行最后冲刺，即进行合成肽段的

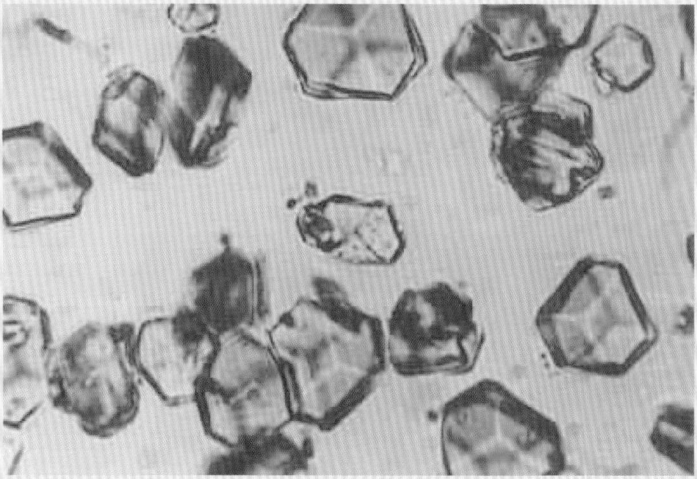

人工合成的结晶牛胰岛素实物放大的图片

高效组合——人工全合成，产生全部活力和结晶，并获得圆满成功。1966年，他们又进一步重复了1965年的结果，增加了更多的鉴定数据。至此，才向世界公开宣布：中国首次全合成活性蛋白质——牛胰岛素——成功。经过严格鉴定，它的结构、生物活力、物理化学性质、结晶形状都与天然的牛胰岛素完全一样。这是世界上第一个人工合成的蛋白质。这项成果后来（1982年）获得了中国自然科学奖一等奖。

日后，邹承鲁院士曾回忆："当我们通过小白鼠惊厥实验以证明纯化的人工合成胰岛素确实具有与天然胰岛素相同的活性时，那一刻真是令人终身难忘。这个最后进行的实验是在1965年的一个清晨进行的，只有与这个实验直接有关的人员才允许观察小白鼠经受第

1965年在人工合成胰岛素完成时的惊厥反应实验获得成功的场景（右一为徐杰诚，右二为杜雨苍，右三为龚岳亭）

一个人工合成蛋白质处理的反应，而其他关注此事的人只能在另一间屋子里焦急地等待。当注射了合成胰岛素的小白鼠惊厥实验宣布成功时，那实在是一个无法用语言形容的激动人心的时刻……”

前几年采访龚岳亭时，他仍能清晰地回忆：“王应睐所长派当时任生化所副所长的曹天钦负责组建一个小组，撰写人工合成结晶胰岛素的论文与宣传资料。曹天钦怀着对这项工作的深厚感情和高度责任感，详细论述蛋白质的高级结构特征与历史渊源。人工合成胰岛素是科学上的又一次飞跃，它标志着人工合成蛋白质时代的开始，是生命科学发展史上的一个重要的里程碑……”胰岛素全合成工作是第一次有效地完成了由两条肽链组合成硫－硫键正确配对的蛋白质。这一实验强有力地证明，只要氨基酸排列对头，在很大程度上会自然形成 α－螺旋 β－转角等结构以及盘曲折叠成具有生物活力的蛋白质。这项工作为“蛋白质的高级结构在很大程度上由一级结

龚岳亭（左四）在美国巡回讲学时，在杨炳麟教授家中与华裔科学家们同庆中秋佳节

构所决定”的概念提供了一个新的证据。也就是说，蛋白质的一级结构在很大程度上可以决定其特定的空间结构，这是有深远意义的。由于蛋白质和核酸两类生物大分子在生命现象中所起的主导作用，人工合成了第一个具有生物活力的蛋白质，便突破了从一般有机化合物领域到信息量集中的生物大分子领域之间的界限，在人类认识生命现象的漫长过程中迈进了一步。人工牛胰岛素的合成，也标志着人类在探索生命奥秘的征途中所迈出的这一步，促进了生命科学的发展，开辟了人工合成蛋白质的时代，在我国基础科学研究，尤其是生物化学的发展史上都有巨大的意义与影响。特别要指出的是，在我国多肽化学原有基础比较薄弱的情况下，这项工作能迅速超越美国、西德而取得领先地位，是由于能在研究方案的制订、合成路线的设计、保护基因及溶剂的选择、组合条件的控制、纯化方法的研究和有关的微量分离分析技术的建立等方面均有独到的创新之处。

全合成胰岛素工作的简报 1965 年发表于《中国科学》(*Scientia Sinica*)，详述全文 1966 年发表于《中国科学》，并出了专集，发表于当年的《科学通报》上。

在 1978 年 12 月 11 日中国科学院召开的胰岛素全合成总评会上的汇报中，时任中国科学院上海生物化学研究所办公室主任、党支部书记的王芷涯曾说:“龚岳亭在肽段合成方案的制定和调整人力的具体安排方面起了主要作用。他大胆地选用了 8 肽固体叠氮物与侧链保护的 C 端自由 14 肽，借用唯一不引起消旋的叠氮法合成了 B 链 22 肽，并选用了叔丁基(当时国外刚报道)保护谷氨酸的 r- 羧基，从而完全避免了 22 肽皂化所遇到的困难。这是个很关键的问题。他为人工合成的 B 链成功作出了主要贡献。他与葛麟俊等参加合成的肽段有 C 端 8 肽、10 肽、14 肽、22 肽和 B 链 30 肽。他们还曾到有机所帮助建立 A 链的合成方法，在 A 链的 7 篇论文中有一篇有龚的署名。”

由于龚岳亭在肽链合成中作出的一系列贡献，于1966年4月在王应睐、邹承鲁教授的带领下，有机会参加在波兰华沙举行的欧洲生化学会联谊会第三次会议。在会上，龚岳亭宣读了《结晶牛胰岛素的合成》论文，理直气壮地介绍了中国科研集体的智慧，群策群力完成了人类第一次合成活性蛋白质的创新成果。中国科学家的这一工作成为所有与会学者谈论的中心议题，包括美国、英国、法国、意大利、荷兰、比利时、挪威、瑞典、芬兰、奥地利等国的著名科学家，大家都兴奋地祝贺中国科学家取得的成果。曾因首先阐明胰岛素化学结构而获得诺贝尔奖的英国生化学泰斗——桑格教授亲临会场，听罢报告后，热烈祝贺中国科学家所取得的成绩："你们这一工作的完成是一项重大的事情，亦释放了我思想上的负担，因有人报道牛胰岛素的化学结构在某一顺序上与我的方案不符，你们的成果倒是最有力的证据……"日后他曾慕名到生化所参观访问，表示对中国生化学家工作

20世纪80年代龚岳亭与同事在实验室工作的场景

的赞赏，这当然是后话了。

“国际生化协会会长 Ochoa 教授（美国科学家，诺贝尔奖获得者）曾不止一次地向我们表示祝贺，认为这是非常重要的贡献。荷兰阿姆斯特丹大学的 Slater 教授说‘这是伟大的贡献’，并在同行广为推荐我们的工作，扩大了影响。法国生化学会负责人 Courtois 教授、意大利比萨大学 Rossi 教授、奥地利维也纳大学 Hofmann-Ostenhof 教授也都祝贺并表示钦佩，认为‘这是一件了不起的工作’。曾任美国肯尼迪总统科学顾问的匹兹堡大学生物物理所所长——Chance 教授说‘这是最令人兴奋的新闻’。印尼学者说‘这是中国的胜利’，他作为东方人也感到骄傲，中国与印尼的关系恶化是暂时的，将来必定会改变。加纳学者对这样重大的科研成果由中国做出来感到特别高兴。一位日本学者对新华社记者说，这是一项很重大的贡献，她感到很高兴。当时苏联和东欧诸国与我国的关系较紧张，但苏联科学院

龚岳亭院士在实验室设计合成 GnRH 类似物的情景

分子生物学研究所所长 Engelhardt 院士和匈牙利科学院 Straub 院士也都向我们表示祝贺，在不同场合多次表示‘胰岛素全合成是一项非常有突破性的工作’……”龚岳亭至今还能如数家珍般兴奋地回忆起首次在国际场合公开披露有关研究情况而受到世界著名科学家赞扬的场景。

20 世纪 70 年代初，龚岳亭马不停蹄地将多肽技术应用于工业生产，研制出促性腺激素释放激素（GnRH），作为促进性功能的活性肽，解决了淡水鱼类催产排卵的问题，使我国渔业养殖技术取得重大突破，产生了较大的经济效益。这项应用技术的开发，于 1978 年荣获中国科学院重大科技成果奖。如果用西方商业化的观点来看，若能在基础科学研究之外的应用技术方面做出开发，完全可以去申请“个人专利”，有望成为一位西方式的“科技富翁”，但龚岳亭连想都没想过，而是把这项技术无偿地奉献给了国家，日后也从没收取过任何报酬。这确实只能用“纯洁天良问心无愧”的做人理念来解释。

龚岳亭（前右二）在英国伦敦商洽实验动物中心时与学术界及科技官员交流（1988）

从20世纪70年代末到80年代初，龚岳亭曾多次受到国外的邀请，分别在西德亚琛参加第二次国际胰岛素会议，在奥地利维也纳参加第十次国际糖尿病会议，在法国巴黎、尼斯等地进行多肽化学及家鱼人工繁殖的讲学和交流，在美国参加国际蛋白质与多肽化学合成会议……他均能以一名中国科学家良好的素养和流利的英语，出色地发挥“交流使者”的作用。

也正因为如此，才有本文起首所叙述的：王应睐决定再次选派龚岳亭去一个更大的国际讲坛为祖国争光。

协作与合作

龚岳亭领受了这项系国家与集体的荣誉于一身，向世界报告中国科学家“人工合成胰岛素”成果的不同寻常的任务。他既平静又激动，他要说什么呢？那就是珍藏在心里的“人生五C”的精神，这不

英国首相撒切尔夫人参观上海生化所时在实验室听龚岳亭（右二）讲解

仅是龚岳亭坚守的人生信念，同时也是他们整个科研团队共同遵循并坚守的科学人文准则。他们正是抱着强烈的为国争光的事业心，带着中国人的聪明和智慧，以团结一致、无私协作的精神，以对祖国、对人民、对科学的一片忠诚，才摘取了世界生化领域桂冠上的明珠的。这也就是若要事业成功，必须先学会做人的基本道理。同时，龚岳亭还要让世界知道，在科学上，人类从来就有共同的语言。

人工结晶牛胰岛素在中国成功合成的消息宣布后，中外科学家纷纷来电、来函祝贺，包括许多国际知名的生物化学家。诺贝尔奖获得者瑞典的蒂塞利乌斯教授说："中国人工合成胰岛素成功，比原子弹爆炸对我的震动还大……"就创新的视角来剖析，蒂塞利乌斯教授的话是很有见地的。中国的"两弹一星"确实很了不起，但在中国科学家研发之前，美国、苏联、英国等科学家已经造出来了，证明这条研发道路是走得通的，不必考虑其可能性，只需考虑该如何走的问题；而人工全合成结晶牛胰岛素的工作却是中国科学家领先于国外，也是独立踩出的创新之路，这项非凡的成就是中国科学家用扎实的理论和实践实实在在地证明这条路是可行的。

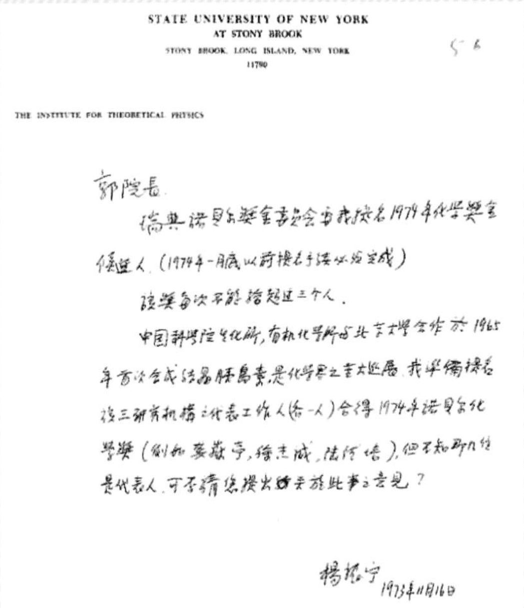
STATE UNIVERSITY OF NEW YORK
AT STONY BROOK
STONY BROOK, LONG ISLAND, NEW YORK
11790

5.6

THE INSTITUTE FOR THEORETICAL PHYSICS

郭院長：

瑞典諾貝爾獎金委員会要我提名1974年化學獎金候選人（1974年一月底以前提名手续必须完成）

該獎每次不能給超过三个人。

中国科學院生化所，有机化學所与北京大學合作於1965年首次合成结晶胰島素，是化學界之重大突破。我準備提名该三研究机构之代表工作人（各一人）合得1974年诺貝尔化學獎（例如龚岳亭，钮经义，陆德培），但不知那几位是代表人，可否请您提出您对此事之意見？

楊振宁
1973年11月16日

附 Scientia Sinica，14，1710 一文之首頁之複製品（略）

杨振宁院士1973年11月16日给郭沫若院长的函

难怪美籍华人科学家、诺贝尔物理学奖获得者杨振宁教授在1973年

11月16日，从纽约大学石溪分校致函中国科学院郭沫若院长：诺贝尔奖金委员会要他提名1974年诺贝尔化学奖候选人（1974年1月底以前提名手续必须完成）。该奖每次不能超过授予三人。中国科学院生化所、有机化学所和北京大学合作于1965年首次合成结晶胰岛素，是化学界之重大进展，他准备提名上述三研究机构之代表各一人，合得1974年诺贝尔化学奖（例如龚岳亭、徐杰诚、陆德培），但不知哪几位是代表人，可否请郭院长提出关于此事之意见？

但那是诸侯各路的千人攻关项目，尤其是在“文化大革命”尚在

胰岛素全合成总评会议留念（1978年12月13日）

前排（左起）：杨钟健、黄家驷、周培源、华罗庚、杨石先、贝时璋、钱三强、汪猷、冯德培、王应睐、柳大纲

二排：张伟君（左三）、季爱雪（左四）、陈玲玲（左五）、叶蕴华（左六）、张龙翔（左十）、文重（左十一）

三排：钮经义（左二）、龚岳亭（左三）

四排：杜雨苍（左一）、陆德培（左二）、曹天钦（左四）

五排：徐杰诚（左一）、张友尚（左五）、邹承鲁（左六）、邢其毅（左八）

进展之时期，是一切以“阶级斗争为纲”的自我封闭年代，思考问题的方法与人性是完全扭曲的年代，因此，最后由外交部、中国科学院发文表示了“该奖系资本主义国家颁发，我们不宜接受”的所谓“革命”态度，谢绝了杨振宁教授的提名之美意，这也就造成了与最接近获得诺奖之机遇的失之交臂。现在看来，这次人为的“失之交臂”实在太可惜，当初的这种做法也实在太荒唐，但毕竟那是历史，我们必须承受，哪怕极其痛苦。

龚岳亭在澳大利亚讲学时在当地游览（1998）

对中国科技事业发展作出卓越贡献的聂荣臻元帅，1967 年曾专门接见了全国从事重大科研课题研究的代表，龚岳亭有幸作为上海生化所的代表出席。聂帅拉他坐在身边并叮咛：“胰岛素人工合成的工作是可以在国内外讲几句的，你们花费有限的财物，创造了令人振奋的成绩，为祖国争了光……”

直到今天，世界仍在关注着这一科学大事，有一位名叫韦兰的美国普林斯顿大学的学生，其毕业论文的题目就是《第一个合成蛋白质是怎样在中国完成的》，长达一百多页的论文内容丰富，客观地介绍胰岛素全合成的整个过程，采访了许多当事者，甚至包括如王芷涯等当时的领导，细致的描述十分动人，她对中国科学事业的昌盛引以为荣。

龚岳亭的巡回演讲，在美国和国际生物化学界引起了较大的反响，加深了世人对中国在新兴科学领域研究水平的了解。历时一个月的演讲一结束，日本大学医学会立即发出邀请，请他在日本全国内分泌大会以及东京大学、大阪大学讲学。在日本，龚岳亭同样受到隆重接待，日方专门提供一辆黑色豪华轿车和两名随员全程陪同。在东京大学，他还接受了该校授予的科学奖章。之前，该类奖章只授予诺贝尔奖的获得者，这次能授予龚岳亭，充分表达了日本科学界对中国从事人工合成胰岛素的科学家的崇敬。

巡讲载誉归来不久，美国索尔克研究所就向龚岳亭发来邀请，希望他前往工作。该所分子神经内分泌学室主任是美国著名生物化学家、诺贝尔奖获得者吉尔曼（Alfred Goodman Gilman）。龚岳亭在美期间曾前往访问，彼此都有良好印象，吉尔曼许以高薪聘请他合作研究，但由于国内科研需要，他未能答应。接着，又有美国、法国、瑞

龚岳亭院士幸福地与他的两位爱女及外孙在一起

士等国的研究机构多次向龚岳亭发出邀请，他也均以国内科研需要而一一婉拒。与此同时，加拿大蒙特利尔临床医学研究所也向龚岳亭频发邀请，该所所长克雷斯蒂安教授不仅是国际著名科学家，也是后来任加拿大总理的弟弟。与众不同的是他非常有耐心，从 1981 年至 1985 年，连续五年不间断地发来邀请，龚岳亭终于被感动了，在征得所里同意后，答应前往工作一年。

1985 年秋季，龚岳亭到加拿大蒙特利尔，进入临床医学研究所工作，主要进行多肽的合成和应用研究，如对脑肽等生物合成与作用原理的研究，并与克雷斯蒂安教授结下了深厚的友情。他对龚岳亭的工作评价很高，概括起来也正是龚岳亭的“人生五 C”的箴言。克雷斯蒂安称龚岳亭是他“最好的合作伙伴”。因此，希望龚岳亭能长期留在加拿大工作，若不能长期，至少能延长在加拿大的科研年限。龚岳亭向他解释：中国人一向是看重信用的，自己既然与所里有约在

在加拿大蒙特利尔临床医学研究所工作期间龚岳亭与吴阶平院士（左三）一起学术交流

先，只能工作一年，就决不能拖延。失信于人，那是非常难堪的。克雷斯蒂安教授表示能理解中国科学家的“为人之道”。出于合作研究的互信，龚岳亭答应将自己最好的学生送到该所工作。这下，他才不再坚持执意留下龚岳亭的初衷了。

1986 年 9 月，龚岳亭提前回到了上海，没顾得上享受一个月的休假，第二天就到实验室上班。事后，龚岳亭严守承诺，将自己得力的学生介绍给克雷斯蒂安，去做神经肽的合成，并帮助他培养博士生，还建立了一个多肽合成实验室。

纯洁和善良

1987 年，当时的上海市科技党委书记陈至立同志、市科委主任金祖青同志提出要龚岳亭去担任上海市计划生育科学研究所所长。他

1997 年“人工合成牛胰岛素”获求是杰出科技成就集体奖，获奖集体与颁奖人查刘璧如女士（左五）合影：龚岳亭（右一）、陆德培（右三）、徐杰诚（右四）、邹承鲁（右五）；邢其毅（左一）、杜雨苍（左三）

听了感到惊诧，因为从1950年进所到现在，毕竟已在生化所度过了37个春秋，他的事业在生化所，他的科研足迹都是踩在生化科研的道路上……可以说，他的根已深深扎进了生化所。再说，对一名科学家来说，最重要的莫过于在自己的实验室里从事自己心爱的课题研究，而不是其他。多少年来，实验室的生命钟摆调节着龚岳亭的生活与工作节奏，他已是如此地习惯它、钟爱它，现在突然要做如此大的“角色转换”，龚岳亭确实没有一丁点儿思想准备。但是，领导一再强调这完全是工作上的需要：上海计划生育科研所现已被世界卫生组织作为人类生殖研究的国际合作中心，为了使之与国际接轨，世界卫生组织人类生殖研究专署（WHO-HRP）要求中国指派一流的科学家主持工作，以保证能进行高水准科研和项目开发。由于龚岳亭近年来也曾从事人类生殖方面的研究，并取得一些成果，在国际上已有相当的知名度，所以WHO-HRP主管中国方面工作的医学家韦布（Dr. F. Webb）博士，特地点名要龚岳亭加盟人类生殖研究。

在日内瓦WHO-HRP述职后，龚岳亭受R. Schwyzer教授邀请在其苏黎世家热情交谈（1988）

龚岳亭意识到：计划生育确系一项基本国策，能否科学地进行计划生育、提高生育质量、有效地控制人口，对当时中国这个已有 13 亿人口的大国，无论在经济建设还是在提高民族素质方面，都有着特殊重要的意义。经过激烈的思想斗争，他还是同意去兼职。一名科学家绝不能违背自己的科学原则——要有事业心、奉献精神、协调与合作能力。

就这样，59 岁那年，龚岳亭奉命离开了自己心爱的实验室，放下了原先的研究课题，安排好自己的学生，走上了全新的工作岗位。并且所有这些，都要归结到"纯洁天良问心无愧"的科学道德上来："我不能为了个人得失而推卸国家更需要我去为之努力的工作。"

到了计划生育科研所后，龚岳亭才真正感到自己肩上的责任重大。诚如 80 年代末日本《读卖新闻》在一则报道中所说："中国每年出生的人口，相当于一个东京都的总人数，这种罕见的人口压力如不能解决，制定任何美妙的经济计划，大概都只能是画饼充饥。"

"任重而道远，好在后起之秀已成长起来了。我想，能融事业、

龚岳亭（右一）与世界卫生组织人类生殖专署官员、科学家在沪交流工作（1988）

聪悟、奉献、协作与合作、纯洁天良问心无愧于一体去格物致知、励志报国的箴言，也会镌刻在年轻一代的心里，并化作他们的行动准则。”龚岳亭满怀信心地说。

科学与宗教

天有不测风云，人有旦夕祸福。

沉重的科研和行政担子，还是把龚岳亭压垮了。2009年，他被诊断为前列腺癌，在与病魔抗争的岁月，他依然在科研第一线劳作。2014年初，又被查出患了胃癌，接受了胃大部切除术，这下浑身的免疫功能降到了谷底。同年8月14日，他手术康复后，约笔者到生化细胞所见面。那天下午正好下大雨，他乘坐的轿车在大楼前停下，打开车门，从车里跨下的龚岳亭先生瘦得只剩皮包骨头，令我大吃一惊。

龚岳亭院士谈其人生箴言（2011，方鸿辉　摄）

这几年为了撰写《院士怎样做人与做事》书稿，我曾多次到他胶州路寓所问候、请教、采访。但几乎每次登他府上，总见他或是在抄写《论语》，或是在阅读佛经。几本方格稿子本上，龚先生用纯蓝墨水抄写的《论语》和佛教经典，字迹是那样工整，字体是那样秀气，完全可以作为硬笔书法的摹本。他总对我说，“那是我给外孙的留念，希望他懂得做人的道理……”这引起我极大的兴趣。研究《论语》、诵读佛经与科学研究，究竟有什么关系？恐怕是“科学与宗教”的跨学科问题吧！2014年8月18日，我便鼓起勇气，写了一封信，向龚先生求教。

尊敬的龚院士：好！

很高兴又见到您老人家，是那样的神采奕奕，小辈深感欣慰。

8月14日当天拍摄的一些相片已刻盘，呈上，请多包涵。

我总心存一个问题想讨教您，您也可以保持沉默——不回答我。

据我了解，您多年来阅读了大量中国典籍，包括研究佛教经典，抄写《论语》等。我感兴趣的是：您曾阅读过哪些经典？为什么要阅读这些经典？您是以怎样一种方式阅读或实践的？您的心态同当年的牛顿“上帝论”有什么异同？

我曾拜读了爱因斯坦不少关于科学与宗教的名言，诸如：

“我认为宇宙宗教感情是科学研究的最强有力、最高尚的动机。只有那些作出了巨大努力，尤其是表现出热忱献身——要是没有这种热忱，就不能在理论科学的开辟性工作中取得成就——的人，才会理解这样一种感情的力量；唯有这种力量，才能做出那种确实是远离直接现实生活的工作。”

“一个我认为是信仰宗教的人，他的志向有那些特征：在我看来，一个人受了宗教感化，他就是已经尽他的最大可能从自私欲望的镣铐中解放了出来，而全神贯注在那些因其超越个人的价值而为他所坚持的思想、感情和志向。我认为重要的在于这种超越个人的内涵的力量，在于对它超过一切的深远意义的信念的深度，而不在于是否曾经企图把这种内涵同神联系起来，因为要不然，佛陀和斯宾诺莎就不能算是宗教人物了。所以，说一个信仰宗教的人是虔诚的，意思是说，他并不怀疑那些超越个人的目的和目标的庄严和崇高；而这些目的和目标是既不需要也不可能有理性基础的。但是它们的存在同他自己的存在是同样必然的，是同样实实在在的。在这个意义上，宗教是人类长期的事业，它要使人类清醒地、全面地意识到这些价值和目标，并且不断地加强和扩大它们的影响。如果人们根据这些定义来理解宗教和科学，那么它们之间就显得不可能冲突了。因为科学只能断言‘是什么’，而不能断言‘应当是什么’，可是在它的范围之外，一切种类的价值判断仍是必要的。而与此相反，宗教只涉及对人类思想和行动的评价：它不能够有根据地谈到各种事实以及它们之间的关系。依照这种解释，过去宗教同科学之间人所共知的冲突则应当完全归咎于对上述情况的误解。”

“尽管宗教的和科学的领域本身彼此是界线分明的，可是两者之间还是存在着牢固的相互关系和依存性。虽然宗教可以决定目标，但它还是从最广义的科学学到了用什么样的手段可以达到自己所建立起来的目标。可是科学只能由那些全心全意追求真理和向往理解事物的人来创造。然而这种感情的源泉却来自宗教的领域。同样属于这个源泉的是这样一种信仰：相信那对于现存世界有效的规律能够是合乎理性的，也就是说可以由理性来理解的。我不能设想一位真正科学家会没有这样深挚的信仰。这情况可以用这样一个形象来比喻：科学没有宗教就像瘸子，宗教没有科学就像瞎子。”

总之，人类精神越是向前进化，就越可以肯定地说：通向真正宗教感情的道路，不是对生和死的恐惧，也不是盲目信仰，而是对理性知识的追求。从这个意义上说，一个人如果愿意公正地对待他的崇高的教育使命，他就必须成为一名导师。

上述摘录仅是我的理解，仅供参考。祝您健康。

晚辈　方鸿辉　敬启

2014-08-18 晨

信发出后，我没指望他老人家会回复。不料，他一收到信就在8月20日下午6点，就笔者关于他多年来研究佛经一事的提问，用电话予以回答，我当即将他的话语速记了下来。没过几天，我就把速记整理成一封信，又回寄龚先生，请他费神确认，以匡正我的误记误解。2014年9月27日，龚先生又回复了。他说，他极其仔细地审读了我的速记，除了指出错漏，还增补了不少话语。下面，就是龚岳亭先生的电话回复及信函所补充的内容。

两三年前，我的科研生涯走到了边缘，疾病让我没有把握能再走多远，心想只能靠老天爷了。你知道有个叫南怀瑾[①]的老先生，他是我极其敬佩的学者，好像是温岭人吧？他是台湾的国学大师。

你问我看了哪些佛经，我主要是研读了《心经》《金刚经》。由于

---

① 南怀瑾（1918—2012），国学大师，诗人，中国传统文化传播者。浙江温州乐清南宅殿后村人。幼承庭训，少习诸子百家。浙江国术馆国术训练员专修班第二期毕业、中央军校政治研究班第十期毕业、金陵大学研究院社会福利系肄业。抗日战争中，投笔从戎，跃马西南，筹边屯垦。返蜀后，潜心佛典，遁迹峨嵋大坪寺，阅藏三年。后讲学于云南大学、四川大学等校。赴台湾后，任文化大学、辅仁大学、政治大学等教授。后旅美，晚年寓居香港。在港、台及旅美时期，曾创办东西方文化精华协会总会、老古文化事业股份有限公司、美国弗吉尼亚州东西方文化学院、加拿大多伦多中国文化书院、香港国际文教基金会。热心社会事业并关心家乡建设，1990年泰顺、文成水灾，捐资救患，并在温州成立南氏医药科技基金会、农业科技基金会等，1998年筹资兴建的金温铁路建成通车。其著作是学习中国传统文化的捷径，对无法直接了解典籍的人作了一个重要引导，能将儒、释、道等各家思想进行比对，别具一格。生平致力于弘扬中国传统文化，出版《论语别裁》《孟子旁通》《大学微言》《老子他说》及佛、道两家三十多种著作，又经英、法、荷兰、西班牙、葡萄牙、意大利、韩国、罗马尼亚等八种语言翻译流通。

我母亲是一位虔诚的佛教徒，我7岁时就跟着她念《心经》，全称《般若波罗蜜多心经》[①]，260个字。现在我还能背得出来。这部经讲的是人生的哲理，我觉得它讲得非常深刻。这段日子我静下心来读经，还专门找了南怀瑾先生的著作《中国佛教发展史》和赵朴初先生的《佛学常识》来看。释迦摩尼在历史上是确有其人的。

我还读了陕西出版社出版的关于弘一法师[②]的传记。像李叔同这样的大法师在世上也是少见的，他的才学很少有人能比肩，无论诗书画，还是音乐。后来，他步入佛门，成了一名苦行僧。丰子恺也是他的学生。

《金刚经》全称《能断金刚般若波罗蜜经》[③]。《金刚经》不是释迦

---

① 佛教经典。全称《般若波罗蜜多心经》，略称《般若心经》《心经》。玄奘译。收于大正藏第八册。心（梵 hrdaya），指心脏，含有精要、心髓等意。该经将内容庞大之般若经浓缩，成为表现"般若皆空"精神之简洁经典。全经举出五蕴、三科、十二因缘、四谛等法，以总述诸法皆空之理。"色即是空，空即是色"一语，即是出自该经。

② 李叔同（1880—1942），又名李息霜、李岸、李良，谱名文涛，幼名成蹊，学名广侯，字息霜，别号漱筒。是著名音乐家、美术教育家、书法家、戏剧活动家，也是中国话剧的开拓者之一。从日本留学归国后，担任过教师、编辑之职，后剃度为僧，法名演音，号弘一，晚号晚晴老人，后被人尊称为弘一法师。1913年受聘为浙江两级师范学校（后改为浙江省立第一师范学校）音乐、图画教师。1915年起兼任南京高等师范学校音乐、图画教师，并谱曲南京大学历史上第一首校歌。1942年10月13日在福建泉州开元寺圆寂。

③ 佛教经典。初出为鸠摩罗什于402年所译。其他译本有北魏菩提流支、南朝陈真谛之同名译本；另有隋达摩笈多《金刚能断般若波罗蜜经》，唐玄奘译《能断金刚般若波罗蜜多经》（《大般若经》第九会），义净译《能断金刚般若波罗蜜多经》。经中宣称一切世间事物空幻不实，如梦幻泡影，实相者则是非相。主张离一切诸相而无所住，即放弃对现实世间的执著或眷恋，以般若慧契证空性。此经弘传甚广，尤为禅宗所重视。近世有德、英、法等多种文字的译本。

摩尼亲自编写的，而是其弟子阿难台集1250名高僧，由佛的十大弟子之一——长老须菩提（年高德勋、至善睿智）向佛跪拜提问，释迦牟尼答复讲道，集思广益，编辑而成的佛教经典。原著为梵文，译成中文者为姚秦三藏法师鸠摩罗什，龟兹国人。鸠摩罗什十一二岁就悟道，三十多岁入中国，适逢晋南北朝衰乱时代。《金刚经》分成三十二品（章），则由信佛的梁武帝之昭明太子编辑。经中最关键的词为“善护念”。《金刚经》很长，我背不下来。我觉得，人为人类而生存，就要有学问，要懂得付出，因此一定要有好的心态。《金刚经》非常深奥，没有高尚的道德基础，是不能学透《金刚经》的。

至于你问到我对科学与宗教关系的看法，它们都是讲哲理的。如我们在求学时代，从小就被鼓励学习一些“四书五经”之类的古文，就是《大学》《中庸》《论语》《孟子》。我在八十一岁病时，才开始阅读南怀瑾先生著述的《易经系传别讲》一书，体会到《易经》确系经中之首。近些年，我还读了复旦大学出版社出版的南怀瑾一系列著作，这是记录老先生在太湖边开的大学堂的讲课内容，他招了许多美国的学者来学习中国的文化。

最近①，生化所新领导邀请我们这些老学究开会研讨科学创新及体制改革等事宜，如我这样的时代落伍者仅能反省自己了：

我的佛缘不深，佛法不行，身心尘俗未况净，难能心无罣礙（挂碍），怎度一切苦厄！是以善护念，少烦恼，勿自扰。

格物致知，乐天知命故不忧的孔儒之教未学透，何以成大器？是以学而时习之，不亦说（悦）乎？有朋自远方来，不亦乐乎？人不知而不愠，不亦君子乎？

老子出世又入世的玄妙之道未彻悟，岂可逍遥自在，处无为之

① 2014年9月27日给方鸿辉回信中增补了如下一段话语。

事，行不言之教？是以尽可能慈意俭，不敢争先，亦步亦趋上善若水，顺其自然。我对儒教乐天思忧理解不够，心中总放不下科学，放不下我曾长期从事的事业，也放不下我的家人。你信中所说的爱因斯坦的话是很有道理的——科学没有宗教就像瘸子，宗教没有科学就像瞎子……

最近去年度体检，又去崇明的资深院士（本所）沟通思想，健康情况每况愈下，对人生的感触亦越深。随着时间的推延，空间的扩展，叠加起来，形成一股势力，不可阻挡，回天乏术。时代的趋势须认清，乐天知命故不忧。

片言碎语，请勿在意。感谢君之关怀。

2014年8月14日下午在当年合成的人工结晶胰岛素模型前，龚岳亭院士与其二女儿及外孙的合影（方鸿辉 摄）

鸿辉学友：

收到您的9月4日来函，获悉之前的电话交谈中，将我的拙見速记了，惭愧得很，实在不值得您费神记下的呀！

两页文字中，须修正（或可補言的）如下：

第1页第一段"《金刚经》是释迦牟尼写的……"。此句有误（打××），请改为："《金刚经》不是释迦牟尼亲自编写的，而是其弟子阿难召集一千二百五十高僧，由佛的十大弟子之一，長老须菩提（年高德劭，至善睿智）向佛跪拜提问，释迦牟尼答复讲道，集思广益，编集而成的佛教经典，原著梵文，译成中文者为姚秦三藏法师鸠摩罗什，龟兹国人。他十一、二歲就悟道，三十多歲入中国，适逢中国晋南北朝衰乱时代。《金刚经》分成三十二品（章），则由信佛梁武帝的昭明太子编辑。经中最关键的词为"善护念"。

再请修改的为，第二页第二段落："……我们从小就学习四书五经，……我还系统研究过《易经》……。"

这几句有误（打××的），请修改为："——如我们这类学者时代，从小就被鼓励学习些'四书五经'之类的古文。……我在八十一岁病时，才开始阅读南怀瑾著述的《易经系传别讲》一书，体会到"易经"确实是经中之首。"

上述两处的错误内容请你修正，補言可勿考慮。

最近生化所新领导邀请我们这些老学者，开会研讨，科学创新及体制改革等事宜，如我这样的时代落伍者僅能反省自己了：

我的佛缘不深，佛法不行，身心尘埃未洗净，难能心无罣碍，实度一切苦厄！是以要护念，少烦恼，勿自扰。

格物致知，乐天知命故不忧的孔儒之教未学透，何以成大器！是以学而时习之，不亦说（悦）乎！有朋友自远方来，不亦乐乎！人不知而不愠，不亦君子乎！

老子出世又入世的玄妙之道未彻悟，岂可逍遥自在，处无为之事，行不言之教。是以尽可心慈意俭，不敢争先，不争不趋上善若水，顺其自然。

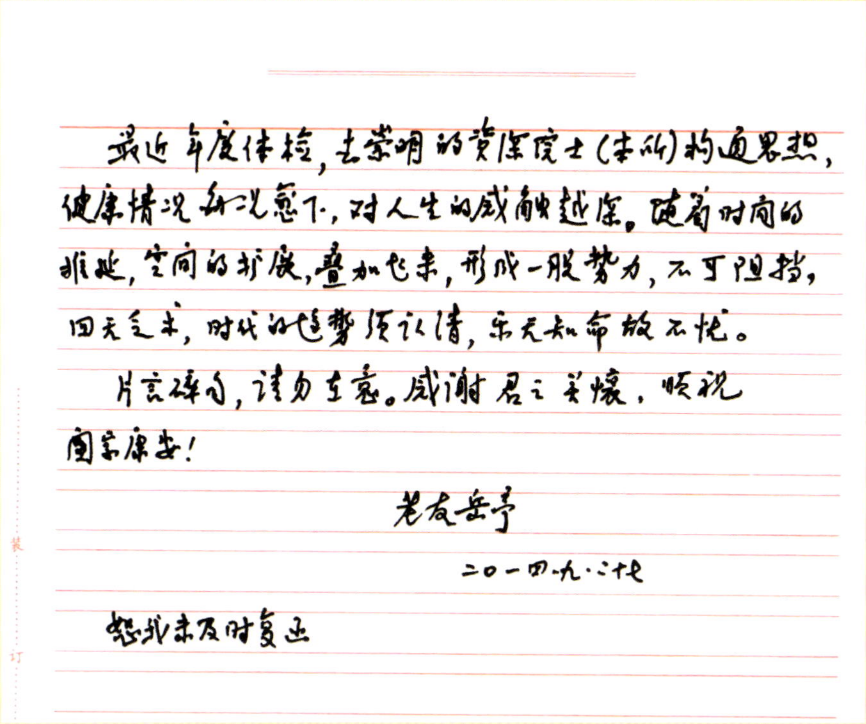

最近年度体检，去荣明的资深院士（本所）均通界知，健康情况每况愈下，对人生的感触越深。随着时间的推延，空间的扩展，叠加起来，形成一股势力，不可阻挡，回天乏术，时代的趋势须认清，乐天知命故不忧。

片言碎语，请勿在意。感谢君之关怀，顺祝

阖家康安！

老友岳亭

二〇一四.九.二十七

恕我未及时复函

龚岳亭先生2014年9月27日复函

常人幼稚地以为：科学要研究天体怎样运行，而宗教要确定怎样上天堂。这看似互不相关，但自康德之后，在科学与宗教之间还是达成了一种妥协，形成了一种各司其职和相互补充的关系：科学研究自然界，主要解决人的物质生活；宗教引导道德情感，主要解决人的精神生活。二者既不像古希腊时那样合二为一，也不像中世纪和启蒙运动时期那样相互对立，而是尽可能保持一种共存的关系。尤其自生物进化论在社会上的地位被确立后，教会作出了妥协，认为上帝既是信仰之源，又是理性之源。面对20世纪科学的社会地位急剧提升，教会又宣称宗教与科学的一致性，表示不干预科学事务，并在1992年10月31日正式为伽利略平反。

人类对自然界研究得越深，就越会发现，科学与宗教这两种文化既有相互背离、彼此冲突与排斥的一面，又有相互依存、彼此促进与合作的一面。随着科学的发展，大量的已知问题得到解决，对自然的认识进一步增强。然而，人们又迷惘地发现：一些新的自然之问又摆在了人类面前，从某种角度讲，越是高深的科学理论与概念反而越接近宗教之哲理？

培根曾说过："所有哲学运动的意义就在于经过认识而认识造物主。"当年，哥白尼、伽利略、莱布尼兹、牛顿等科学家都是受这种观念推动而走上科研道路的。毕竟，科学与宗教的最终目标都是要给人类带来福祉。

当科学极大改善人类物质生活，人们对科学充满了感激乃至崇拜时，极易产生"科学至上"论。在技术双刃效应的呈现，以及自然并非温顺绵羊的事实前，人们才清醒：科学只能提供智慧和力量，但不能提供道德与价值观，确有其局限性。于是，重又想到了宗教，想到了人文。诚如当代科学家贾斯特罗曾感叹的："科学家已经攀越许多'无知'的山脉，即将征服那最高的顶峰，正当他们扒着最后一块岩石攀身而上时，迎面而来的是一群神学家，原来在几个世纪前他们早已经在那里等待了。"

然而受意识形态偏见的教化，不少人一谈到宗教，总想当然地与迷信画上了等号。其实，他们并不了解，众所周知的有爱心的国际著名外科医生——白求恩大夫就是自小深受基督教精神的熏陶，并一辈子都在踏踏实实地发扬基督教的爱心精神，践行了所有人都认可的伟大的国际主义。中国工程院秦伯益院士曾作过艰辛的调研与分析，惊奇地发现：世界各国"诺贝尔奖获得者中有宗教信仰的竟高达90%。他们白天唯物地探讨着物质世界中的奥秘；晚上却在唯心的心灵世界里得到安慰，两者相处得很和谐，没有矛盾。这在我们一直接受唯物主义教育的人们心中是很难理解的。”毕竟科学再发达也没有能力解决人们心灵中的各种困扰。其实，宗教也没能彻底解决人们心灵的困扰，但至少能给人们一种精神上的慰藉、一份寄托。

作为科学家，龚岳亭明白：科学是一种知识，宗教是一种信仰。人生需要知识，也需要信仰。作为完美的人生绝不是仅求物质的享受舒适，还需要精神的愉悦和心灵的宁静，两者是互为相容和相补的。龚先生一辈子的劳作是科学——对上帝作品的研究，当然是很高尚的，尤其在发现蛋白质人工合成的道路上，采撷了一系列美丽的花朵，心绪当然也是快乐的。在生命行将走向终端时，他必然会思考许许多多人生终极意义的哲学命题。于是，他企望从人文与宗教中寻找贴切的答案，他悟出的便是“科学没有宗教就像瘸子，宗教没有科学就像瞎子”“善护念，少烦恼，勿自扰”“格物致知，乐天知命故不忧的孔儒之教未学透，何以成大器？是以学而时习之，不亦说（悦）乎？有朋自远方来，不亦乐乎？人不知而不愠，不亦君子乎？”……其实，他奉行了一辈子的融“事业、聪悟、奉献、协作、纯洁天良问心无愧”为一体的人生真谛，不是已经很好地诠释了他的科学与宗教的情感了吗？

第一流人物对于时代和历史进程的意义，在其道德品质方面，也许比单纯的才智成就方面还要大。

谢希德

谢希德　物理学家和教育家。1921 年 3 月 19 日生于福建泉州，2000 年 3 月 4 日逝于上海。1946 年毕业于厦门大学。1951 年获美国麻省理工学院哲学博士学位。1952 年回国后历任复旦大学物理系讲师、副教授、教授、现代物理研究所所长、副校长、校长。1980 年被选为中国科学院学部委员（院士）。1983 年任上海市第三届科学技术协会主席。曾任国务院学位委员会评议组成员，中国物理学会第二至四届副理事长等职。1981 年至 1996 年当选为中国科学院主席团成员。从 1981 年起先后获美国、英国、加拿大、日本和香港地区等十多所院校授予的名誉科学博士学位和工学博士荣誉学位，并被选为美国物理学会的院士（Fellow），1988 年被选为第三世界科学院院士，1991 年被选为美国文理科学院外国院士。1997 年任上海浦东杉达大学校长。作为我国表面物理学的先驱者和奠基人之一，在国际半导体物理学和表面物理等学术机构中担任多项职务，是我国在国际上这些领域中的代表性人物。对我国凝聚态物理的研究和发展，倾注了毕生的心血，取得多项重要成果和奖励。著有《分析力学》《量子力学》《固体物理引论》《固体量子理论》《半导体物理学》《固体物理学》《群论及其在固体中的应用》《表面物理》等多部著作。培养了大批科学人才。

人生乐事在奉献

——谢希德热心科学传播的故事

打开2000年2月号《上海画报》，又见到了谢希德院士和蔼的面容。身披红色外套，右手执着一副眼镜，左手夹着一本《半导体物理学》，端坐在书架前，微风吹拂着她满头的银丝。此时的谢老正与广大读者作着心的交流，主题是“人生乐事在奉献”。

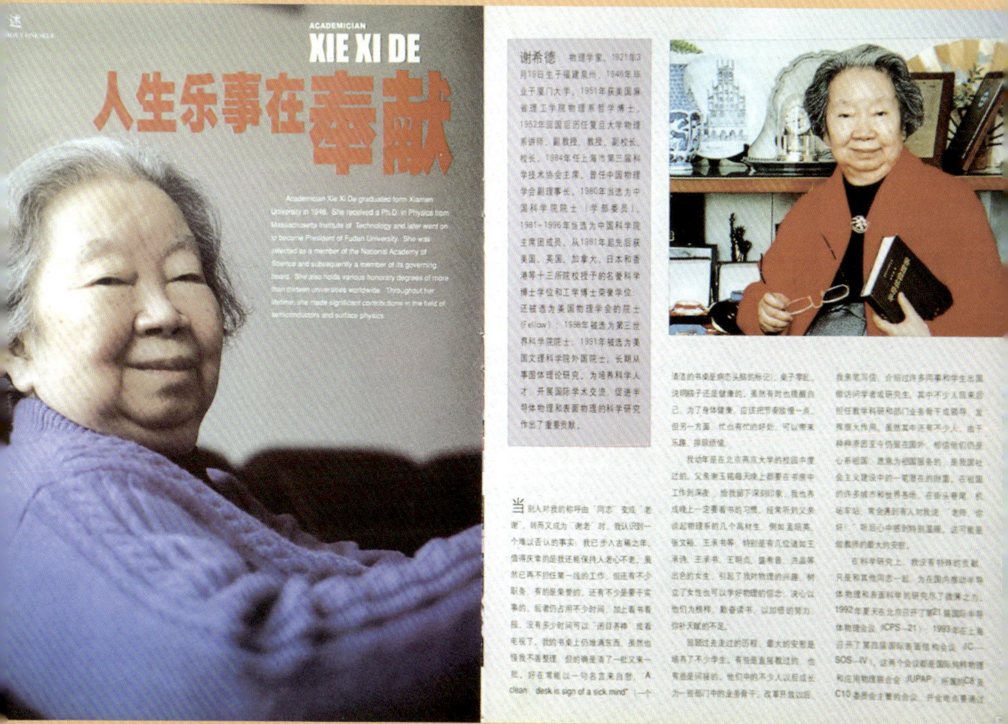
ACADEMICIAN

XIE XI DE

人生乐事在奉献

Academician Xie Xi De graduated form Xiamen University in 1946. She received a Ph.D. in Physics from Massachusetts Institute of Technology and later went on to become President of Fudan University. She was selected as a member of the National Academy of Science and subsequently a member of its governing board. She also holds various honorary degrees of more than thirteen universities worldwide. Throughout her lifetime, she made significant contributions in the field of semiconductors and surface physics.

谢希德　物理学家。1921年3月19日生于福建泉州。1946年毕业于厦门大学。1951年获美国麻省理工学院物理系哲学博士。1952年回国后历任复旦大学物理系讲师、副教授、教授、副校长、校长。1984年任上海市第三届科学技术协会主席。曾任中国物理学会副理事长。1980年当选为中国科学院院士（学部委员）。1981－1996年当选为中国科学院主席团成员。从1981年起先后获美国、英国、加拿大、日本和香港等十三所院校授予的名誉科学博士学位和工学博士荣誉学位。还被选为美国物理学会的院士（Fellow）。1988年被选为第三世界科学院院士；1991年被选为美国文理科学院外国院士。长期从事固体理论研究，为培养科学人才，开展国际学术交流，促进半导体物理和表面物理的科学研究作出了重要贡献。

当别人对我的称呼由“同志”变成“老谢”，转而又成为“谢老”时，我认识到一个难以否认的事实：我已步入古稀之年。值得庆幸的是我还能保持人老心不老。虽然已再不担任第一线的工作，但还有不少职务，有的是荣誉的，还有不少是要干实事的，后者仍占用不少时间，加上看书看报，没有多少时间可以“闭目养神”或看电视了。我的书桌上仍堆满东西，虽然也怪我不善整理，但的确是清了一批又来一批。好在常能以一句名言来自慰：“A clean desk is sign of a sick mind”（一个清洁的书桌是病态头脑的标记）。桌子零乱，说明脑子还是健康的。虽然有时也提醒自己，为了身体健康，应该把节奏放慢一点，但另一方面，忙也有忙的好处，可以带来乐趣，排除烦恼。

我幼年是在北京燕京大学的校园中度过的。父亲谢玉铭每天晚上都要在书房中工作到深夜，给我留下深刻印象，我也养成晚上一定要看书的习惯。经常听到父亲谈起物理系的几个高材生，例如袁家骝、张文裕、王承书等，特别是有几位诸如[illegible]出色的女生，引起了我对物理的兴趣，树立了女性也可以学好物理的信念，决心以他们为榜样，勤奋读书，以加倍的努力弥补天赋的不足。

回顾过去走过的历程，最大的安慰是培养了不少学生，有些是直接教过的，也有些是间接的，他们中的不少人以后成长为一些部门中的业务骨干。改革开放以后，我亲笔写信，介绍过许多同事和学生出国做访问学者或研究生，其中不少人回来后担任教学科研和部门业务骨干或领导，发挥很大作用。虽然其中还有不少人，由于种种原因至今仍留在国外，相信他们仍是心系祖国，愿意为祖国服务的，是我国社会主义建设中的一笔潜在的财富。在祖国的许多城市和世界各地，在街头巷尾、机场车站，常会遇到有人对我说“老师，你好！”听后心中感到特别温暖，这可能是做教师的最大的安慰。

在科学研究上，我没有特殊的贡献，只是和其他同志一起，为在国内推动半导体物理和表面科学的研究尽了微薄之力。1992年夏天在北京召开了第21届国际半导体物理会议（ICPS—21），1993年在上海召开了第四届国际表面结构会议（ICSOS—IV），这两个会议都是国际纯粹物理和应用物理联合会（IUPAP）所属的C8及C10委员会主管的会议，[illegible]

《上海画报》2000年2月号上的“名人自述”——《人生乐事在奉献》

物理学家和教育家谢希德院士的风采（1999，方鸿辉　摄）

“明天的首发式我一定来”

1996年5月中旬，《中国科学院院士自述》终于出版，能赶上在6月初召开的中国科学院和中国工程院两院院士大会期间首发了。中国科学院学部领导拟定邀请出席首发式的院士中，谢希德院士无疑是最合适的人选。为此，5月底笔者带着散发着油墨清香的厚厚一部院士自述，叩开了她吴兴路寓所的大门。谢老一接过书，就高兴地翻阅起来，当即表示，只要没有什么特殊情况，一定出席首发式。

6月3日，两院院士大会隆重开幕。当天傍晚，在院士们下榻的京西宾馆，按拟定的邀请参加首发式的院士名单，我再一一当面诚邀，以保证第二天中午举行的首发式成功。在底层长长的走道上，远远看见谢老由秘书搀着在散步，我走上前向她问好，她很肯定地表示：“明天的首发式我一定来。”

谢希德院士出席《中国科学院院士自述》首发式（1996年6月4日，方鸿辉　摄）

定于6月4日上午11时举行首发式，可是10点45分，京西宾馆第九会议厅已坐满了出席首发式的院士、领导和50多家媒体的记者。签到本上第一位签到的就是谢希德。那天她由秘书搀扶着进入会议厅后，就打开《中国科学院院士自述》细细阅读起来。11点会议准时召开。在严东生、刘东生、李国豪、吴旻等院士发言后，谢老接过话筒有感而发。遗憾的是，那天从上海带去的录音机偏偏出了故障，只录下了谢老发言的首、尾两段，中间很精彩的话语都没能录下："读这部书，就像在同熟悉的和不相识的院士交谈。当我读到张文裕、王承书两位院士的自述时，心里很激动，他们是我从小就很崇敬的科学家，他们走过的路给了我很大的激励。遗憾的是，我的丈夫——曹天钦还没来得及写他的自述，就去世了。我想，他一定有很多的话要对大家说……"谢老情真意切的话语，令在座的每一个人都深深地感动。第二天在新华社发的通讯稿上还特别转引了这段话。谢老的话引起我和其他编委的自责。尽管首发式很成功，但我们的心里像灌了铅似地沉重。

谢希德院士在科学会堂作"访美归来话超导"的科普报告

那天中午，周光召院长邀请我们在京西宾馆餐厅和院士们共进午餐。周光召与时任中国科学院秘书长郭传杰、执行主编何仁甫等与我们同桌。席间，周光召关切地问："怎么把曹天钦院士给漏了？”其实，征稿信是发至每一位院士的，考虑到那时曹天钦院士已是“植物人”了，没有来稿，也就不再去催了，我们实在不忍心去加重患病院士的负担。谢老的遗憾，实实在在折射出我们工作中的失误，并且主要是我的失误，因为编委会有约定，凡上海地区的院士组稿和催稿由我直接负责。譬如冯德培院士当初住在华东医院，我也是去医院组的稿。为什么就没有去拜访曹天钦院士呢？自首发式后，我就一直在盘算如何设法来弥补谢老的遗憾。

多出版让学生喜欢的健康读本

1996年8月，上海举办首届书市。为弘扬科学精神，传播科学思想，社领导要我在书市主会场——上海友谊会堂，组织一次院士读书报告会。大热天请院士来作报告，任务挺艰巨。院士都是大忙人，

谢希德院士在首届上海书市读书报告会上（1996年8月15日，方鸿辉　摄）

况且不少院士年事已高，谁敢惊动？我较熟识的吴孟超、杨雄里等院士又都不在上海。无奈之际，我抱着内疚的心情试着去邀请谢老，谁知谢老一口答应。海报一出，读者知道是谢希德和苗永瑞两位院士的读书报告会便纷至沓来。8 月 15 日那天的会场挤得水泄不通，两旁的通道上都排满座位，四周站满了听众，连中间的走道上听众也席地而坐。

谢老用纯正的普通话，向听众讲述了自己求学的坎坷经历，希望当代青少年能多读一些有品位的读本。她很直率地推荐名人传记类作品，尤其是科学家的传记，因为一般来说，科学家不会矫揉造作，言语质朴无华，说的都是真心实话，能从中学到不少好的思维方法和为人处世的道理。她特别指出，读书要靠自觉，以她自己从小主动求学的经历，感到像今天这样，每个小学生都必须备一册“学习任务本”，天天由家长签字督促的现状，怎么能学得主动呢？谢老话锋一转，论及应试教育要向素养教育转轨的课题，作为一名德高望重的老科学家和教育家，她发表了很有见地的想法：“我觉得这个问题很重要，因为我们要‘科教兴国’，同时要‘科教兴市’。上海要成为一流的城市，必须要有一流的人才，而人才最

弹钢琴是谢希德院士从小培养的艺术爱好

关键的是要从小学、中学，即从最基础的环节抓起。前几天，我在报纸上看到一位老教育家的文章，他觉得对现在的小学生特别要抓礼貌教育、纪律教育、卫生教育和友爱教育，而不只是简单的知识灌输，我也很有同感。我觉得，前些时候我们比较重视教材的建设，可是对中、小学生的教育，不光要有好的教材，还应包括家庭、社会和我们的传媒，应该在这几个环节上组织研究和讨论，因为这些才是构成对学生教育的整个环境……传媒应努力多出真正让学生喜欢的有营养的健康读本，因为光靠教材，学生会知识营养不良的……”

话题很自然地转到科普读物的出版与阅读。至于说到她是如何写《中国科学院院士自述》中的文稿，她说：“这篇自述性文稿的撰写，起先我很犹豫，不知从哪儿写起。后来我想文稿并不要求全面，可从当时自己想得最多的问题入手。因此，我就从自己一生经历中，

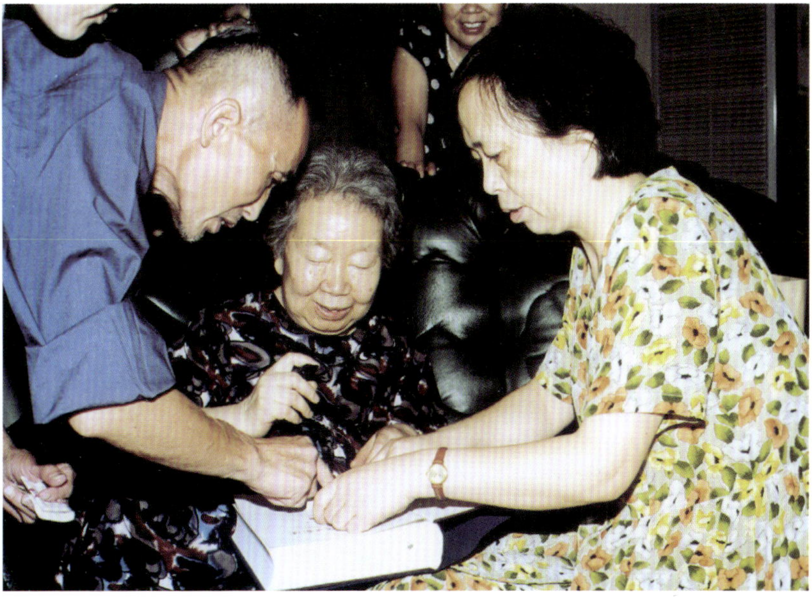

从常州慕名赶来聆听报告的85岁高龄读者（左），请谢希德院士在《中国科学院院士自述》上题词（1996，方鸿辉　摄）

选几件自己印象比较深的事情来谈。我觉得我写的是真实的，是我心里要讲的话。看看其他院士写的自述文稿，也大都有这个特点。我觉得这本书之所以受社会欢迎，就是真实的缘故，而且它不求全，写出了每位院士认为对自己来说比较有价值的一点一滴……”

那天的读书报告会，上海新闻出版局的孙颙局长也在第一排当听众。报告结束后，孙颙向我们布置了任务，一定要在一个月内出版《中国科学院院士自述》的青少年版，把这份有营养的精神食粮奉献给广大青少年，同时参加 9 月底在北京开幕的全国青少年图书展。尽管任务很紧迫，又遇大暑天，但我觉得这倒是提供了一个弥补“遗憾”的机遇——将曹天钦院士的自述文稿收入青少年版中。我的这个想法很快得到了中国科学院学部领导的首肯，他们全权委托我选编青少年版。

当我把这个决定告诉谢老后，她十分高兴。没过几天，一份由谢老亲自打印的以“生物技术应用前景无限宽广”为题的曹天钦院士的

美国总统克林顿访华时在上海图书馆与各界人士座谈，谢希德院士在与他交谈（1998 年 7 月 1 日）

自述文稿，并附上一封亲笔信寄给了我，并要我在编辑时加上“本文为曹天钦院士亲撰，发表于《迎接新的技术革命》上册，240页，湖南科学技术出版社，1984年”的说明文字。

《中国科学院院士自述（青少年版）》如期于9月底在全国青少年图书展上面世。10月9日下午，我一拿到带着油墨清香的作者样书，就送到谢老家去。谢老接过书，没来得及坐下就翻到“展望篇”中刊有曹天钦院士像片的《生物技术应用前景无限宽广》一文，细细阅读起来，带着欣慰的笑容，连声说：“太好了！太好了！”“多谢！”

其实那天除了送书之外，我还肩负重任：上海人民广播电台凤鸣编辑委托我邀请谢老在“书迷沙龙”节目中作特邀嘉宾，就《中国科学院院士自述》一书与听众作关于科学思想与科学精神的对话。节目播出时间为10月12日下午7时到8时。我知道谢老是大忙人，未必能参加直播，能接受电话采访兴许已很理想了。岂料，谢老竟愉快地接受邀请，但一听是10月12日进直播室，她感到有困难，因为

谢希德院士在复旦大学美国研究中心落成典礼上与中心顾问汪道涵先生亲切交谈（1995）

那天她将在北京出席全国政协主席团会议，“不过，晚上 7 点，我可能在宾馆。到北京后，我将电话号码告诉你吧！”那年已 76 岁高龄的谢希德院士，虽然已从复旦大学校长岗位上退下来，但作为中国科学院院士、第三世界科学院院士和美国物理学会院士、美国文理科学院外国院士；作为国际著名的表面物理学学术带头人，她还担任着几本国际学术刊物的编委，并承担着不少其他社会工作……因此，她的生活节奏一直很快，每天的活动日程都排得满满当当。

她告诉我：“现在虽然已不从事第一线的行政工作，可我还是复旦大学物理系的教授，我还要带博士研究生，当然主要还是由我的同事们帮我主持对研究生的日常指导工作，但在讨论方向或论文定稿的时候，我还是参与并审定的。同时，我还有一些社会活动，比如世

谢希德院士深夜还在灯下备课

界银行贷款的一个重点学科的项目，有一个专家咨询组，我是组长，这个项目今年结束，要写终期报告；宝钢教育基金会我任顾问；霍英东教育基金会我也是顾问，每一两年有评审工作和发奖工作。另外，我还是上海市欧美同学会的会长和上海‘政协之友社’的理事长，也有一些社会工作……”

谢老很守约，到了北京，果然打电话告诉我下榻宾馆的电话号码。但 10 月 12 日直播那天，同主持人凤鸣商量再三，考虑到谢老在北京开会期间肯定很疲劳，就没敢去惊动她老人家。

一位大科学家，一位老教育家，一位著名的社会活动家，谢老没有一点名人的架子，没有一点老年的暮气，诚如她在“自述”文稿中所表白的：“当别人对我的称呼由‘同志’变成‘老谢’，转而又成为

谢希德院士一再强调：桌子零乱，说明脑子还是健康的（1999，方鸿辉　摄）

‘谢老’时，我认识到一个难以否认的事实：我已步入古稀之年。值得庆幸的是，我还能保持人老心不老。虽然已不再担任第一线工作，但还有不少职务，有的是荣誉的，还有不少是要干实事的，后者仍占用不少时间，加上看书看报，没有多少时间可以‘闭目养神’或看电视了。我的书桌上仍堆满东西，虽然也怪我不善整理，但的确是清了一批又来一批。好在常能以一句名言来自慰，‘A clean desk is a sign of a sick mind’（一张清洁的书桌是病态头脑的标记）。桌子零乱，说明脑子还是健康的。虽然有时也提醒自己，为了身体健康，应该把节奏放慢一点。但另一方面，忙也有忙的好处，可以带来乐趣，排除烦恼。”

为出版《20 世纪物理学》而努力

1998 年夏，谢老“夙疾”又发，动了大手术。第二年夏天，复旦大学物理系蒋平教授转来一部书稿——*Physics in the 20th Century*（20 世纪物理学），希望翻译后能予以出版。书稿是美国物理学会为纪念学会成立 100 周年，回顾 20 世纪物理学激动人心的进展而撰写的。这本以图片为主的全彩色科普读本，不少精美图片是第一次与读者见面，书中不少文章披露了一些物理学发展史上鲜为人知的故事，有较高的学术价值与科学普及价值。蒋平教授说，版权事宜谢校长可协助联系。其实，那年年初我曾去华东医院探望过谢老，并知道那时（7 月份）谢老仍住在华东医院治疗。因此，为版权一事惊扰谢老，我感到实在不太合适。谁知没过几天，蒋教授电话告诉我：谢老对我社有意引进版权很高兴，约我于 8 月 3 日下午 2 点半去华东医院。

我同蒋教授走进病房时，谢老已坐在病榻前的圆桌旁，气色很好。那天王迅教授也在探望谢先生。我按例在签到本上签名后坐下，谢老就关切地问我手头正在编些什么书稿，并打开我送她的新出版的《中国工程院院士自述》浏览起来。话题扯到引进 *Physics in the 20th Century* 的版权时，谢老饶有兴趣，认为这确实是一本不可多得的好书。后来才知道，这本书是美国物理学会赠与谢老的，蒋平教授也是从谢老那里见到这本原版书并复印的。她嘱我拟一份版权引进意向函，由她帮我转发给这本书的编者、她的好朋友——Judy Franz。8 月 5 日下午，我将拟好的版权引进意向函送到华东医院。8 月 6 日谢老就亲自用英文拟就了一封 E-mail，发给 Franz 教授。8 月 18 日，谢老收到了 Franz 教授回复的 E-mail，并嘱蒋平教授立即电传至我社。尽管至今这本书仍未能引进，但对谢老抱病为中美文化交流的热忱，为普及科学而努力的举动，令我十分感动。

11 月中旬，趁谢老回家休养期间，我陪同包南麟总编去谢老家表示感谢。那天，谢老要我帮她从书柜中找出那本《20 世纪物理学》的原版精装本，包总看了也爱不释手。谢老抚摸着精美的图书，喃喃地

上海市科协荣誉委员（左起：张香桐、李国豪、谢希德、王应睐、冯德培）在科学会堂

上海教育出版社 [illegible]先生

```
From franz@aps.org Thu Aug 19 07:48:19 1999 remote from ma0059
Received: from fudan by ma0059.fudan.ihep.ac.cn (UUPC/extended 1.12r) with UV
          for xdxie@ma0059; Thu, 19 Aug 1999 07:48:19 +0800
Received: from srcap.stc.sh.cn (root@srcap.srcap.ac.cn [202.122.6.8])
        by fudan.ac.cn (8.8.5/8.8.5) with ESMTP id XAA07982
        for <xdxie@[202.122.6.7]>; Wed, 18 Aug 1999 23:22:37 +0900
Received: (from uucp@localhost)
        by srcap.stc.sh.cn (8.8.5/8.8.5) with UUCP id XAA03613
        for xdxie@fudan.ac.cn; Wed, 18 Aug 1999 23:01:40 +0900
X-Authentication-Warning: srcap.stc.sh.cn: uucp set sender to franz@aps.org us
Received: from acpgate.acp.org (acpgate.acp.org [149.28.226.101]) by ns.fudan.
Received: from ACP-Message_Server by acpgate.acp.org
        with Novell_GroupWise; Wed, 18 Aug 1999 11:03:33 -0400
Message-Id: <s7ba9305.046@acpgate.acp.org>
X-Mailer: Novell GroupWise 5.2
Date: Wed, 18 Aug 1999 11:03:28 -0400
From: "Judy Franz" <franz@aps.org>
To: xdxie@fudan.ac.cn
Subject: Re: about the Royalty
Mime-Version: 1.0
Content-Type: text/plain; charset=US-ASCII
Content-Disposition: inline
X-PMFLAGS: 34078848

Dear Professor Xie Xide,

I was able to talk to our publisher (Eric Himmel at Abrams) yesterday and
he will be contacting you to get the name of a publisher in China.  Abrams
would like to negotiate directly with a publishing company in China.

I hope that a Chinese edition becomes a reality.

Best regards,
Judy Franz

>>> "" <xdxie@fudan.ac.cn> 08/06 10:49 AM >>>
Dear   Professor Franz:

How are you?  Did you  have a nice summer?

Many of my colleagues love the Book:"Physics in the Twentieth
Century"very  much,  A group of my colleagues would like to have it
translated into Chinese so that more people can enjoy it. The Shanghai
Educational Publisher would like to have it published.  Now the
Publisher would like to  know answers of the followig questioos:

1. How much would the US Publisher charge for the royalty?

2. If the royalty of the Book and the copy of film for the
illustrations  could be waived,   the Publlisher would like to send
100 copies of compllimentary Chinese copies to you or the
appropriate authorities.

3. Could  the US publisher waive the royalty of the Book, whereas
charge 3% royalty for the copy of film of the illustrations.


I would appreciate it very much if you could provide me with the
answers of those questions.  Sorry to bother you.  They would like to
have it published in Chinesse before the end of the Century.

With my best regards
```

为出版《20世纪物理学》，谢希德院士病中为上海教育出版社联系版权而与美国朋友的电子邮件影印件说："这真是一本好书，你们应该再努力一下。"其实，横在谈判前的两个主要问题：一是外商嫌我社估算的中译本书价太低，美国原版书价是49美元50美分，我们估算人民币150元，因为我们怕书价过高读者会承受不起，再说我们毕竟是教育出版社，教育读物核价要惠及学生读者；二是美方坚持要在日本制版、印刷、装订。对于第一个问题，谢老说："我真不理解，怎么500元一张的大剧院票子这么抢手，而对这么一本高品位图书的价格却不能承受？"谢老的疑问，实在是对我们出版理念的警策，也是对图书宣传与发行的尖锐批评，发人深省！

谢希德院士为科普活动获奖学生作报告（1997，方鸿辉　摄）

中国半导体物理的两位先驱者——黄昆院士与谢希德院士

在人生旅途中继续向前

谢老患病的消息令国内外关心她的科学界朋友、她的同事、学生和所有她的著作的读者感到揪心，人们也都希望了解谢老的近况。

自 1998 年起，上海画报出版社邓明社长邀我在画报上开一个“名人自述”专栏，每期介绍一位在上海工作的院士。我想，倘能在画报上及时地向人们传递谢老近况的信息，无疑对关心她的人也是一种很好的沟通。于是，在征得谢老同意的情况下，于 1999 年 11 月 24 日下午，陪同邓明先生去谢老家拍摄特写照。那天谢老刚午睡醒来，精神很好。谢老主动提出希望能以墙上挂着的周总理像片为背景留影。我们请她弹钢琴时留影，她说：“我已好久没弹了，还是实事求是，别照了。”在近半个小时的拍摄过程中，谢老连续两次接到传媒要采访她的电话，她都一一婉谢了。可见，传媒对她是多么关注。

在吴兴路寓所，谢希德院士要求在周恩来照片前留影，成了她人生最后的照片（1999 年 11 月 24 日下午，方鸿辉　摄）

没过几天，谢老的秘书来电，请我去谢老家取“名人自述”专栏的文稿。其时，谢老又住进了华东医院。到吴兴路谢老家时，按了门铃后，是谢老家的阿姨将文稿递给我的，文稿装在一只“复旦大学美国研究中心”的旧信封内。打开后，见谢老只是在复印的《中国科学

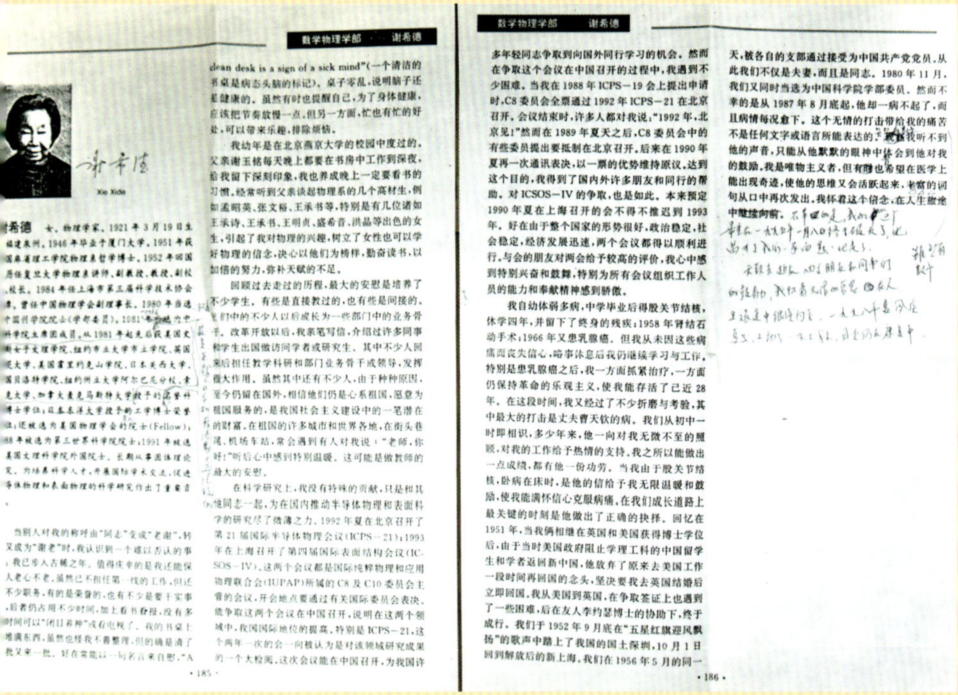

数学物理学部　谢希德

Xie Xide

谢希德　女，物理学家。1921 年 3 月 19 日生福建泉州。1946 年毕业于厦门大学。1951 年获国麻省理工学院物理系哲学博士。1952 年回国历任复旦大学物理系讲师、副教授、教授、副校、校长。1984 年任上海市第三届科学技术协会席。曾任中国物理学会副理事长。1980 年当选中国科学院院士(学部委员)。1981 年当选为中共中央委员会委员。从 1981 年起先后获美国史密斯女子文理学院、纽约市立大学市立学院、英国大学、美国霍里约克山学院、日本关西大学、美国洛神学院、纽约州立大学阿尔巴尼分校、大学、加拿大麦克马斯特大学授予的名誉科博士学位；日本东洋大学授予的工学博士荣誉位；还被选为美国物理学会的院士(Fellow)；88 年被选为第三世界科学院院士；1991 年被选美国文理科学院外国院士。长期从事固体理论究。为培养科学人才，开展国际学术交流，促进导体物理和表面物理的科学研究作出了重要贡。

当别人对我的称呼由“同志”变成“老谢”，转又成为“谢老”时，我认识到一个难以否认的事，我已步入古稀之年。值得庆幸的是我还能保人老心不老，虽然已不担任第一线的工作，但还不少职务，有的是荣誉的，也有不少是要干实事，后者仍占用不少时间，加上看书看报，没有多时间可以“闭目养神”或看电视了。我的书桌上堆满东西，虽然也怪我不善整理，但的确是清了批又来一批。好在常能以一句名言来自慰，“A clean desk is a sign of a sick mind”(一个清洁的书桌是病态头脑的标记)。桌子零乱，说明脑子还是健康的。虽然有时也提醒自己，为了身体健康，应该把节奏放慢一点，但另一方面，忙也有忙的好处，可以带来乐趣，排除烦恼。

我幼年是在北京燕京大学的校园中度过的，父亲谢玉铭每天晚上都要在书房中工作到深夜，给我留下深刻印象，我也养成晚上一定要看书的习惯，经常听到父亲谈起物理系的几个高材生，例如孟昭英、张文裕、王承书等，特别是有几位诸如王承诗、王承书、王明贞、盛希音、洪晶等出色的女生，引起了我对物理的兴趣，树立了女性也可以学好物理的信念，决心以他们为榜样，勤奋读书，以加倍的努力，弥补天赋的不足。

回顾过去走过的历程，最大的安慰是培养了不少学生，有些是直接教过的，也有些是间接的。他们中的不少人以后成长为一些部门中的业务骨干。改革开放以后，我亲笔写信，介绍过许多同事和学生出国做访问学者或研究生。其中不少人回来后担任教学科研和部门业务骨干或领导，发挥很大作用。虽然其中还有不少人，由于种种原因，至今仍留在国外，相信他们仍是心系祖国，愿意为祖国服务的，是我国社会主义建设中的一笔潜在的财富。在祖国的许多城市和世界各地，在街头巷尾、机场车站，常会遇到有人对我说：“老师，你好！”听后心中感到特别温暖。这可能是做教师的最大的安慰。

在科学研究上，我没有特殊的贡献，只是和其他同志一起，为在国内推动半导体物理和表面科学的研究尽了微薄之力。1992 年夏在北京召开了第 21 届国际半导体物理会议(ICPS－21)；1993 年在上海召开了第四届国际表面结构会议(ICSOS－IV)，这两个会议都是国际纯粹物理和应用物理联合会(IUPAP)所属的 C8 及 C10 委员会主管的会议，开会地点要通过有关国际委员会表决。能争取这两个会议在中国召开，说明在这两个领域中，我国国际地位的提高，特别是 ICPS－21，这个两年一次的会一向被认为是对该领域研究成果的一个大检阅，这次会议能在中国召开，为我国许

· 185 ·

数学物理学部　谢希德

多年轻同志争取到向国外同行学习的机会。然而在争取这个会议在中国召开的过程中，我遇到不少困难。当我在 1988 年 ICPS－19 会上提出申请时，C8 委员会全票通过 1992 年 ICPS－21 在北京召开。会议结束时，许多人都对我说：“1992 年，北京见！”然而在 1989 年夏天之后，C8 委员会中的有些委员提出要抵制在北京召开。后来在 1990 年夏再一次通讯表决，以一票的优势维持原议。达到这个目的，我得到了国内外许多朋友和同行的帮助。对 ICSOS－IV 的争取，也是如此。本来预定 1990 年夏在上海召开的会不得不推迟到 1993 年。好在由于整个国家的形势很好，政治稳定，社会稳定，经济发展迅速，两个会议都得以顺利进行。与会的朋友对两会给予较高的评价，我心中感到特别兴奋和鼓舞，特别为所有会议组织工作人员的能力和奉献精神感到骄傲。

我自幼体弱多病，中学毕业后得股关节结核，休学四年，并留下了终身的残疾；1958 年肾结石动手术；1966 年又患乳腺癌。但我从未因这些病痛而丧失信心，略事休息后我仍继续学习与工作。特别是患乳腺癌之后，我一方面抓紧治疗，一方面仍保持革命的乐观主义，使我能存活了已近 28 年。在这段时间，我又经过了不少折磨与考验，其中最大的打击是丈夫曹天钦的病。我们从初中一时即相识，多少年来，他一向对我无微不至的照顾，对我的工作给予热情的支持。我之所以能做出一点成绩，都有他一份功劳。当我由于股关节结核，卧病在床时，是他的信给予我无限温暖和鼓励，使我能满怀信心克服病痛。在我们成长道路上最关键的时刻是他做出了正确的抉择。回忆在 1951 年，当我俩相继在英国和美国获得博士学位后，由于当时美国政府阻止学理工科的中国留学生和学者返回新中国，他放弃了原来去美国工作一段时间再回国的念头，坚决要我去英国结婚后立即回国。我从美国到英国，在争取签证上也遇到了一些困难，后在友人李约瑟博士的协助下，终于成行。我们于 1952 年 9 月底在“五星红旗迎风飘扬”的歌声中踏上了我国的国土深圳，10 月 1 日回到解放后的新上海。我们在 1956 年 5 月的同一天，被各自的支部通过接受为中国共产党党员。从此我们不仅是夫妻，而且是同志。1980 年 11 月，我们又同时当选为中国科学院学部委员。然而不幸的是从 1987 年 8 月底起，他却一病不起了，而且病情每况愈下。这个无情的打击带给我的痛苦不是任何文字或语言所能表达的。我听不到他的声音，只能从他默默的眼神中体会到他对我的鼓励。我是唯物主义者，但也希望在医学上能出现奇迹，使他的思维又会活跃起来，的词句从口中再次发出。我怀着这个信念，在人生旅途中继续向前。

· 186 ·

谢希德院士为《上海画报》稿约，而对“自述”文稿所作的修改

院院士自述》文稿最后作了一个小小的修改，这最后一段是述及她对丈夫曹天钦院士能康复的期盼。她划去了最后这一句——“我怀着这个信念，在人生旅途中继续向前。”增补了：“不幸的是，我的这个希望在一九九五年一月八日终于破灭了，他离开了我们一家而默默地走了。天钦去逝后，由于朋友和同志们的鼓励，我怀着无限的哀思，在人生旅途中继续向前。一九九八年夏夙疾复发，又动了一次大

手术，目前仍在康复中。”谢老作这样的修改，既是为了告诉关心她健康状况的每一位读者有关她的近况，也是为了别引起对曹天钦仍为“植物人”而健在的误会。

有口皆碑的恩爱伉俪

谢希德和曹天钦这对科学伉俪的恩爱，在学术界是有口皆碑的。

1946 年夏，谢希德顺利通过考试，进入美国史密斯学院。出国前，她同曹天钦商定，两人分别在英、美学成后回国。1949 年夏，谢希德通过了论文《关于碳氢化合物吸收光谱中氢键信息的分析》的答辩，获得了硕士学位。由于史密斯学院物理系不设博士学位，当年秋天，谢希德就到麻省理工学院去攻读理论物理学，于 1951 年秋以《高度压缩下氢原子的波函数》论文顺利通过答辩，获得理学博士学位。毕业后，在麻省理工学院固体分子研究室任博士后研究员，从事半导体锗的微波理论研究。1949 年 10 月 1 日，新中国成立的消息给谢希德以极大的兴奋。赴美留学后，她始终与国内的亲人保持着通信联系，既关心家人，更关心国家与民族。尤其是 1950 年 2 月，华罗庚在归国途中发出的《致中国留美学生的公开信》，号召留学生回国，令谢希德归心似箭：“在校的中国同学大

在学术界有口皆碑的恩爱科学伉俪

谢希德与曹天钦院士在欣赏珍藏的邮票

多接到家人来信，相互转告，为祖国的振兴感到衷心喜悦。在这段时间里，我的心情难以自抑，巴不得马上能飞回祖国，飞到北京。”

1951 年春，曹天钦在英国剑桥大学获得博士学位后，原本准备赴美到哈佛大学工作一段时间后再回国，但在收到也曾在剑桥大学学成归国的王应睐先生的来信后，他迅即改变了再到美国从事研究的计划，决定马上回国参加新中国建设。为此，曹天钦打算到美国和谢希德结婚后一起回国。然而，20 世纪 50 年代初朝鲜战争的爆发，美国政府发布了一项规定：凡在美国攻读理工科的中国学生，一律不许返回中国大陆。

谢希德院士在美国贝洛特学院接受名誉科学博士的荣誉（1984）

1952 年 3 月，他们随机应变地

改为让谢希德转道英国完婚后回国。没料到谢希德办赴英签证也遇到了麻烦。由于战后面临的就业问题，英国政府严格限制外国人入境，因此不能发给她赴英签证。正当他们一筹莫展之时，曹天钦的老朋友——李约瑟博士伸出了热情的援助之手。李约瑟博士亲自到英国内政部门以他们夫妇的名誉担保谢希德三个月内一定离开英国。有鉴于李约瑟博士在科学界的声望，谢希德很快获得一张进入英国的特殊“旅行通行证”。

1952 年 5 月，谢希德提着简单的行李在纽约哈德逊港登上了英国邮船“伊丽莎白王后”号。可登船后不久，美国移民局就派员上船盘问谢希德为什么去英国，她镇定自若地回答：旅行结婚。直到轮船驶离码头，她那颗悬着的心才放了下来。

谢希德与父亲、继母及两位弟弟在北平合影（1935）

谢希德和曹天钦在离别六年后终于在剑桥重逢。在李约瑟博士的精心安排下，在萨克斯德大教堂举行了简单的结婚仪式。

当谢希德把婚后回国的打算告诉家人时，受到在菲律宾的父亲坚决反对，但谢希德报国心切，没有听从父亲的意见。谢希德很爱父亲，她希望父亲能理解女儿。可是，此后任凭谢希德怎样去信或寄照片，作为大物理学家的谢玉铭教授怎么也不回复了——父亲再也不理女儿了。谢希德晚年非常忧伤：“回国后一直到他 1986 年在台湾去世，我没有再收到过他的信。这对我是很伤心的事，因为他非常爱我。在他的遗物中，我发现了我们的结婚照，他复印了许多……”

1952年8月底，谢希德和曹天钦告别剑桥，乘“广州”号海轮离开了英国，经过苏伊士运河、印度、新加坡、马来西亚，漂泊了一个月才到达香港。谢希德夫妇凭栏远眺，心潮澎湃。日后回忆道：“我和丈夫曹天钦在甲板上，望着海天，不由思绪万千。费尽周折的归国路终于迎来了曙光。身后的日不落帝国虽有种种诱人的条件，却挽留不住我们的赤子之心。这五年的留学经历，我觉得自己像一只大雁：在寒风萧瑟万木凋零的严冬，不得不离开家园；如今春回大地，我要振翅飞回祖国故园，去耕耘，去奋斗……”可见，爱国报国是谢希德夫妇回归的动力，也是他们日后事业成功的基石，这就是他们做人的根本。

谢希德和曹天钦回国后，在各自领域都作出骄人的成绩。相濡以沫恩爱体谅成了他们携手跨越坎坷并能大有作为的重要保证。1980年，他们同时当选为中国科学院的院士。平时，曹天钦会准备好谢希德每天带的午饭；谢希德出国，曹天钦会亲自去机场接送。

然而，天有不测风云。1987年，曹天钦率团在以色列参加生物

谢希德院士与她疼爱的小孙女

理国际会议时不慎跌了一跤，1988 年转入华东医院时被诊断大脑已受到严重损伤。一直在生活上百般照顾与呵护谢希德的曹天钦，从此成了比孩子还需要照顾的病人。

1996 年，《中国科学院院士自述》出版后，上海的《新民晚报》在 6 月 18 日的“十日谈”专栏，摘登了谢老的文稿，重点摘录了谢老期望处于“植物人”状态的曹天钦院士能康复的期盼与所做的种种努力，而并没说明曹天钦院士已谢世的情况。文稿写于 1994 年，1995 年 1 月曹天钦院士谢世的信息在《中国科学院院士自述》一书中已提供。可是，《新民晚报》摘登时并未注明文稿的出处，读者误以为是“十日谈”刚组的稿，信息的不完整导致不少好心的读者以为谢老还在为曹天钦院士的康复而奔波。因此，大量的读者来信似雪片飘进了谢老的信箱，有的读者表示自己下岗了，能协助护理曹天钦院士；有的表示自己有国外亲人，能提供进口药物；有的表示乐于做经济上的资助……弄得谢老一时不知所措。她打电话给我时，真的有点光火了：“怎么搞的，把不完整的信息捅到晚报上去了？我天天收到这么一大堆信……真没办法！”我只能向她作些于事无补的解释，并表示能否授权让我替她函复？可是，谢老并没有将信件转我，都由她自己一一函复了。这件事给谢老带来很大的心理痛苦与生活上的麻烦。

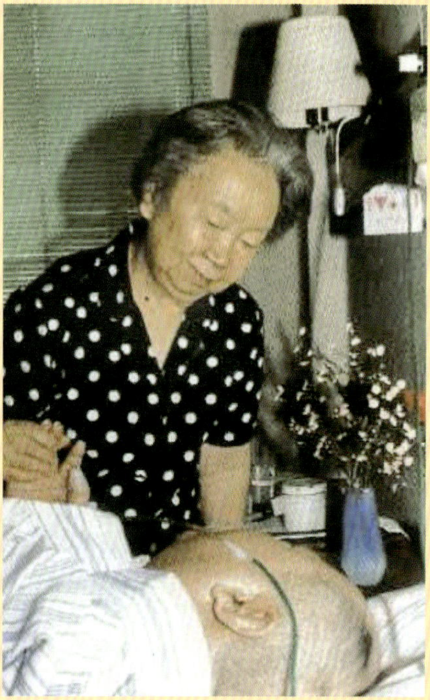

公务之余，谢希德院士每天都会赶到医院看望丈夫曹天钦院士

人生乐事在奉献

原先打算将谢老的自述图文发表于2000年3月号《上海画报》上，因为“三八国际妇女节”刊载一名女院士的文稿于“名人自述”专栏挺合适，可1月底，中国科学院学部联合办的孟辉主任来沪探望谢老，告诉我谢老身体状况很不好，我立即通知《上海画报》的邓明主编，希望能尽快刊出谢老稿件。好在《上海画报》的版面及时作了调整，2月上旬出版的《上海画报》上及时展现了谢老的风采和富含哲理的话语。样刊一到手，我立即送往谢老家。不久，据谢老家的阿姨告诉我：“书由舅舅亲自送医院让谢先生看了。”我想，不管那时谢老是否清醒，她心里会明白：上海人民爱戴她，广大读者在关心着她。刊于《上海画报》2000年2月号上的谢老特写照，竟成了她老人家的绝照，而《人生乐事在奉献》的大作也成为她老人家的绝笔！

2000年3月4日，谢老永远地离开了热爱她的人们。

心地善良、敬业乐群、为人质朴、待人真诚的一代科学泰斗——谢希德教授，对科学执著追求，对教育满腔热忱，对所有有求于她的人都尽力奉献，而自己却默默地承受疾病的煎熬与失去亲人的剧痛……这一切是这么不公正地落在她一个人身上。

记得爱因斯坦在痛悼居里夫人时曾说过：“在像居里夫人这样一位崇高人物结束她的一生的时候，我们不仅仅满足于回忆她的工作成果和对人类已经作出的贡献。第一流人物对于时代和历史进程的意义，在其道德品质方面，也许比单纯的才智成就方面还要大。”

谢老正是这样一位品德高尚的科学巨匠，一位卓有建树的教育大家，一位令人钦佩的社会活动家。

谢老谢世了，谢老永存。

后　　记

《院士怎样做人与做事》(上、下册)是基于采访笔记和摄影图片整理而成的十六位院士的深度报道。

多年从事科学传播的实践和探索,我们清晰地感受到:科普创作的视角无非是写人或写事(状物)。当然,事在人为。我们更深刻地意识到:一个人不管有多聪明,多能干,背景条件有多好,如果不懂得如何做人,那么最终的结局很可能就是失败。做人是一门大学问,也是一门大艺术。很多人之所以一辈子都碌碌无为,那是因为活了一辈子都没有弄明白该怎样去做人。至于如何做事与做学问,有了如何做人来垫底,事在人为么!

看来对每个人来说亟须解答的人生最大的问题也就是“怎样做人”。本书所写的人,是社会各个群体都十分关注的中国科学院院士和中国工程院院士。通过与他们的反复接触,了解了他们不少鲜为人知的故事,略知他们所从事的事业是如何造福于人类的,把这些不加修饰地予以记录,不仅为了传播科学知识,更在于能实现以事写人,以事映人,并力图体现院士做人的细节。诸如在讲述范滇元院士为寻找新能源而钟情“神光”研制的故事中,就简洁地介绍了激光可控核聚变的基础科学原理与知识,同时展现了范院士执著科研的精神风貌与为人之道;在龚岳亭院士对50多年前所从事的结晶牛胰岛素人工合成的科学道路的回顾中,让读者了解为什么要人工合成蛋白，中国科学家当年是带着怎样的做人理念来大协作而获得大成功的……我们叙述的笔触不仅在乎他们的头脑，更在乎他们的心灵；不仅在乎他们所研究的“学”与所从事的“术”，更在乎他们的为人之“情”与人文之“怀”。我们也力争以较强的可读性来阐述科学知识以及在知识背后所蕴含的科学思想、科学精神与科学方法，以突出院士做人、做事、做学问的诚实守信、认真执著、坚忍不拔与实事求是的科学作风，刻画他们各自怀揣的科学梦以及怎样为圆梦而不懈努力的科学脚步。

面对快节奏的生活，为适应读者快阅读的需求，我们尝试选取不同科研领域的多位院士的故事，集成上、下册，这样每一位院士的特写连图带文也就只占约三四万字的篇幅。在这样有限的容量内，要完整展现一位院士的科学人生，那是我们力所不能及的，兴许高明的作家也是无能为力的。我们只能力求以简练的笔法，尽可能抓住每一位院士的特色，诸如吴孟超院士的人生几次重大抉择、钱伟长院士的报国情怀、曾溢滔院士的换位思考心理艺术、李政道院士的艺术与科学的贯通思维……期望达到“窥一斑而见全豹”的效果。能否如愿，只能由读者来评判了。毕竟院士们所从事的科研领域各不相同，而他们为人处事的风格又各有特色。因此，怎样抓住他们各自的“特征不变量”也就成了这两本小册子选材及表述的难点所在。好在还能用院士鲜明个性的照片来帮我们弥补文字叙述的缺陷。再说，以图文相谐的形式来展示他们各位所从事的学科的特色、所走过的科学道路，倒也是与“读图时代”的阅读潮流相适应的。要说明的是，在采访院士时，尽管我们拍摄了不少照片，但不可能全用。出于叙述的需要，本书采用了不少由院士提供的资料照片，尤其是那些很有历史价值的写真。对那些连院士自己也已记不清是哪一位拍摄者的情况下，我们只能在此对当初的摄影作者表示诚挚的谢意，毕竟他们当初的努力与我们现今的努力都是为了展现院士的风采、积累人类的科学文化。

应该说，院士怎样做人、怎样做事及他们所走过的人生之路对当今读者（尤其是广大青少年读者）树立科学精神、学习科学方法、培育创新思想，无疑都会有启示作用。特别是鉴于眼下不少青少年有追影星、追歌星、追球星的热情，却唯独不追“科星”的现状，推出《院士怎样做人与做事》，以配合不少学校开展的选修课或从事相关演讲与征文等活动，相信也会有些借鉴作用。当然，我们无意要青少年都去追“科星”。社会期望青少年都能成才，但并不希望（事实上也不可能）人人都成为科学家。院士们大写人的风采，值得整个社会敬重并褒扬，留下他们怎样做人、做事、做学问的心路历程和思想风貌的图文资料，也是一种有价值的文化积累，对提高社会培育尊重科学、尊重知识、尊重人才的好风气，无疑也是一种有益的努力。这也让我们想起80年前，清华大学校长梅贻琦先生极有见地的表述：“凡能领学生做学问的教授，必能指导学生如何做人，因为求学与做人是两相关联的。凡能真诚努力做学问的，他们做人也必不取巧，不偷懒，不作伪，故其学问事业终有所成。”

在成书的过程中，王梓坤、李大潜、李政道、朱能鸿、严东生、吴孟超、谷超豪、林元培、范滇元、龚岳亭、曾溢滔、薛永祺等院士（文章按院士姓氏笔画排序）都给予鼎力支持，接受采访，提供资料，配合摄影，初稿完成后拨冗仔细审改和确认。对第一版文稿成书时已谢世的张香桐、钱伟长、谈家桢和谢希德院士，本书所收入的文章是笔者将多年前曾发表过的文稿予以整理、修改并集成的，当年发表的零星片段也都是经过他们审改和确认的。在此，对他们的劳动表示由衷感谢。本书第一版在上海教育出版社出版后的2014年，由中国科协推荐，被中华人民共和国科学技术部评为“2014年全国优秀科普作品”。这不仅是作者的荣誉，更是院士们的荣誉。本次出版前曾对第一版作了较大的修订，充分尊重院士的建议，对一些科学史实和人文精神作了更深的开掘。

在此，我们还要感谢院士的家属、秘书、同事和上海科学技术文献出版社的编辑，尤其是胡和生、严燕来、刘随意、吴月明、钟毅萱、朱建坤、宋亦熊、侯艺兵、王国樑、姚欢远等各位，没有他们的鼎力相助，这两本小册子也是难以完成的。

方正怡　方鸿辉

2017年2月

方正怡　科学写作者。先后求学于上海市位育中学（初中）、南洋模范中学（高中）和复旦大学新闻学院广播电视新闻学系，获文学士学位。曾获“中国大学优秀学生奖学金”，作为国际交流生被选拔赴新加坡国立大学传播与新媒体系学习新媒体管理。2010年获香港中文大学全球传播专业文学硕士学位，由于学业优良，被授予杰出研究生称号而载入“院长荣誉录”。求学期间是《青少年科技报》记者、复旦大学电视台编辑和记者。曾在上海电视台电视新闻中心、香港文汇报上海新闻中心、新华社亚太总分社（香港）等新闻媒体实习与工作，署名播出和发表几十篇报道和文章。业余创作相继在《人民日报》《新华月刊》《自然》《中华读书报》《群言》《文汇报》《上海画报》等媒体发表。主要论著有《春天在布拉格》《院士怎样读书与做学问（合著）》《院士怎样做人与做事（合著）》《科学梦与成才路——院士的故事（合著）》等，还主编了《科学人生——院士的故事》《上海人家在香港》等。曾在奥美（iPR Ogilvy）香港任财经公关，目前在香港中银国际从事证券交易方面的工作。

方鸿辉　编审（二级教授）。1949年生于上海，祖籍浙江慈溪。1982年大学物理学专业毕业后获理学士学位。同年被分配到上海教育出版社从事编辑工作。先后获得国家及省部级奖四十余项，其中包括中国图书奖、中宣部“五个一工程”奖、对外宣传银鸽奖、上海科技进步奖（第一完成人有三项）、上海优秀图书奖、上海市科普“四个一百”奖及优秀科普作品一等奖等。先后发表近百篇（本）专业论文、编辑论文、科普文章和图书评论，大力倡导并努力实践科普作品的本土化和原创性。主要论著有《肝胆相照——吴孟超传》《LOGO语言入门》《微电脑·BASIC语言·趣味程序》《创造性物理实验》《中学物理教育学（合著）》《牛津物理教材（汉译）》《创新物理实验》《院士怎样读书与做学问（合著）》《院士怎样做人与做事（合著）》等，主编了《KPK物理高中教程》《新英汉学科词汇（五册）》《百年科技的回顾与展望》《科学梦与成才路——院士的故事》《博学笃志 切问近思》等。曾获上海市优秀科普编辑、上海首届优秀中青年编辑（八位之一）、上海优秀科普作家、上海新闻出版系统先进工作者、上海“大众科学奖”等荣誉，2007年被中国科普作家协会表彰“在科普编创工作方面有突出贡献的科普作家”，2014年被评为“中国好编辑”、上海科普教育创新奖一等奖等。目前兼任上海科普作家协会副理事长、上海科学与艺术学会理事等社会工作。